AF641281

Hartmut Heinemann &
Sonja Morawietz-Heinemann

Glücksorte in Frankfurt

Fahr hin & werd glücklich

D

Dieses

Glücksbuch

ist für

Liebe Glücksuchende,

auch wenn die Finanzmetropole Frankfurt auf den ersten Blick kein klassisches Sehnsuchtsziel zu sein scheint, hält die Stadt bei näherem Hinschauen doch ein ganzes Füllhorn an Glücksorten bereit. Es gibt bekannte Orte, in die man sich Hals über Kopf verliebt, aber auch versteckte Perlen, die abseits der ausgetretenen Pfade auf Entdeckerherzen warten. Auch den Zauber der kleinen Dinge und der leisen Begegnungen wollten wir finden: Wo ist der schönste Leseplatz oder die Ruheoase, um einen Matcha-Tee zu schlürfen? Wo gibt es Refugien mit echtem Kuschelfaktor? Dies sind Orte, die sich manchmal erst auf den zweiten Blick erschließen, wie eine ehemalige Schmiede, die einen lauschigen Weingarten beherbergt. Und was sind Glücksorte ohne Genuss? Gibt es ein besseres Aphrodisiakum als eine selbst hergestellte Schokolade? Wo ist die Frankfurter Seele mit ihrer Geselligkeit zu Hause? All das haben wir zusammengetragen und möchten dieses Stück vom Glück mit Ihnen teilen. Danken möchten wir all jenen Menschen, die wir auf unserer Reise getroffen haben.
Denn erst die Begegnungen mit diesen Menschen haben diese Orte zu dem gemacht, was sie sind: unsere (und hoffentlich auch bald Ihre) persönlichen Glücksorte!

Hartmut Heinemann &
Sonja Morawietz-Heinemann

GLÜCK

Deine Glücksorte …

... noch mehr Glück für dich

Wie auf Wolke sieben

1

Der Maintower

Allein der Fußweg durch die Straßenschluchten ist schon etwas Besonderes. Das sollte man sich nicht nehmen lassen, egal, aus welcher Ecke der Innenstadt man sich nähert. Und wenn man dann als kleiner Erdenbürger mit weit zurückgebeugtem Kopf vor dem Gebäude steht, um in die Höhe zu schauen, und all die glitzernden Spiegelflächen sieht, kann man leicht schon vom ersten (Glücks-)Schwindel ergriffen werden. Mit einem flüsternden „Ssssswwwsch“ geht es im Aufzug nach oben: Geschwindigkeiten von fast 7 Metern pro Sekunde werden erreicht, das sind 25 Stundenkilometer. Tschakka, ich komme! Da werden Endorphine wachgerüttelt, manch einen befällt hier im Geschwindigkeitsrausch bereits das zweite Vertigo. Aber man schafft es dann doch, es ist gar nicht schlimm, und auf der Besucherplattform ganz oben wartet die große Belohnung für die kleinen Torturen! Ganz Frankfurt in seiner Pracht breitet sich vor den Augen der Besucher aus: die City mit ihren Hochhäusern, die Altstadt mit Römer und Paulskirche, das silbrige Band des Mains (man staunt ob der vielen Brücken), so hat man das alles noch nicht gesehen. Gen Westen liegt der Bahnhof und dahinter, am dunstigen Horizont, dämmern die Ausläufer des Taunus.

TIPP
Ebenfalls im 53. Stockwerk: romantisches Dinner inklusive grandiosem Blick auf die City in der Lounge.

Stundenlang könnte man hier stehen, staunen, schauen und immer wieder Neues entdecken. Straßen, Häuser, Parks, Lichter, Menschen wie Ameisen und Autos wie Käfer, die geschäftig irgendwohin unterwegs sind, einem unbekannten Plan folgend. Der Tower ist das viertgrößte Hochhaus Frankfurts, und es ist das einzige, das den Besuchern die Möglichkeit bietet, von einer Aussichtsplattform auf 200 Metern Höhe die Stadt zu überblicken. Und was für eine Aussicht das ist! Freitags können sich außerdem schwindelfreie Heiratswillige in einem besonderen Raum, dem Fernsehstudio des Hessischen Rundfunks, das Jawort geben. Dort, im 53. Stockwerk, bekommt die Redewendung „auf Wolke sieben schweben“ doch gleich eine ganz andere Bedeutung.

● Maintower Frankfurt, Neue Mainzer Straße 52–58, 60311 Frankfurt am Main
● ÖPNV: S1–S9, Haltestelle Taunusanlage (10 Minuten Fußweg)

Green Tea Queen

2 IIMORI

Sie haben so klangvolle Namen wie „Queen of Matcha", „Chiffon Cake" und „Green Tea Opera", und was sie zu ganz besonderen Köstlichkeiten macht, ist ihre wichtigste Zutat – nämlich Grüner Tee. Ja, es handelt sich tatsächlich um den gesundheitsfördernden Allrounder, der zudem auch noch gut schmeckt, und wie eine tibetische Weisheit sagt: „Tee ist Ruhe und nicht Eile." Der Besuch in der „IIMORI Pâtisserie" ist also ein absolutes Muss, wenn man einen Glücksort sucht. In der hauseigenen Backstube kreiert die quirlige Inhaberin Azko Imori, die sich selbst als Weltenbummlerin versteht, viele internationale Klassiker. So findet man hier einen leckeren American Cheesecake neben einem saftigen Apfelstrudel oder einer erfrischenden Tarte au citron und kleinen verführerischen Macarons. Und alle scheinen fast gleichzeitig zu rufen: „Iss mich!" Die absoluten Highlights sind hier aber die Grüntee-Kreationen wie die Green Tea Tarte, der japanische grüne Sandkuchen, die Green Tea Petits Fours oder die Algen-Pralinés, abgerundet mit Matcha-Latte. Und auch wenn man weiß, dass die Kalorien dieser Leckereien wie kleine Monster nachts und ganz heimlich die Kleider enger nähen werden, kann man nicht widerstehen. Wie sagte einst Oscar Wilde so schön: „Ich kann allem widerstehen, nur der Versuchung nicht."

Der feine kleine Salon ist aber auch aufgrund seines Ambientes ein sehr heimeliger Ort, an dem man sich ganz bestimmt wohlfühlen wird. Alte gemusterte Sessel, Brokat-Tapeten, Bilder und liebevoll aufgestellte Accessoires verbreiten den Charme eines urgemütlichen Teesalons und laden zum Verweilen und Genießen ein. Neben den Gebäckspezialitäten gibt es auch japanische Brotprodukte, die sich nicht nur unter den Frankfurtern großer Beliebtheit erfreuen. Auch als Zugezogene verlasse ich diesen Laden nie ohne eine volle Tüte. Heute darf darin das Dattel-Nuss-Brot die Gesellschaft eines Vanille-und-Grüner-Tee-Melonpans genießen. Keine Ahnung, was das ist? Na dann, nichts wie hin!

- IIMORI, Braubachstraße 24, 60311 Frankfurt am Main
  www.iimori.de/altstadt
- ÖPNV: U4, U5, Haltestelle Dom/Römer

Dünen-Glück

3

Radeln durch die Schwanheimer Dünen

Die Jeans haben auch schon mal besser gesessen, das Fitnessarmband lange genug in der Schublade ein Schattendasein geführt? Der Winterspeck muss weg? Dann nichts wie ab in den Sattel! Wenn man dann auch noch die Möglichkeit hat, beim Radeln eines der schönsten Gebiete des Frankfurter Grüngürtels zu erkunden, eine wahre Oase, dann ist das ein Glücksfall. Es geht in die Schwanheimer Düne, im Westen des Stadtteils Schwanheim. Was, eine Düne? Ja, ganz genau, und dazu noch Kiefernwälder, wie man sie sonst nur an der Küste antrifft – knorrig, niedrig, buschig, mit herabhängenden Ästen. Die Schwanheimer Düne ist eine der wenigen Binnendünen in Europa, sie entstand durch Sandverwehungen aus dem Urflussbett von Main und Rhein. Das Nebeneinander von Kulturland, Brache, Feuchtfläche, Trockenrasen und alten Obstbäumen ergibt eine Kulturlandschaft mit besonders günstigen Bedingungen für eine vielfältige Tier- und Pflanzenvielfalt, die seit 1984 unter Naturschutz steht. Seltene Pflanzen wie Silbergras, Bauernsenf und Sandgrasnelke sind hier ansässig, kleine Seen und Teiche bieten den optimalen Lebensraum für Graureiher und Haubentaucher und zahlreiche Amphibien.

Um diese einzigartige Landschaft zu genießen, müssen wir unsere Räder über den Bohlenweg schieben, der uns durch einen Großteil des Areals führt. Ein leichter Sommerwind wiegt die Halme, die Vögel zwitschern. Fast stellt sich ein Sylter Sommerfeeling ein. Fehlt nur noch die sanfte Meeresbrise … Doch genug geträumt, noch ist ein wenig Strampeln angesagt – damit die Kalorien auch richtig purzeln können. Die einzige Personenfähre Frankfurts bringt uns nach Höchst ans andere Mainufer. Unterhalb des pittoresken Schlossplatzes glänzen die frisch überholten Hausboote mit den ersten Sonnenstrahlen um die Wette. Wir müssen aber noch etwas weiter, zur Schiffsmeldestelle, wo sich noch etliche andere erschöpfte Radfahrer bei einem frischen Bier oder Radler von den anstrengenden Touren erholen.

- Schwanheimer Düne, Ausgangspunkt am besten Rheinlandstraße 133, 60529 Frankfurt am Main
- ÖPNV: Tram 12, Haltestelle Rheinlandstraße; die Rheinlandstraße nach Westen, bis es nach rechts über die A40 in die Dünen geht

Speisen wie Kaiser & Könige

4 Das Frischeparadies

Für Liebhaber, Genießer, Gourmets und Gourmands und vor allem alle Frisch-Fisch-Fanatiker ist das Frischeparadies ein wahres Eldorado. Zugegeben, inmitten der farblosen Monotonie des Griesheimer Gewerbegebiets erwartet man hier wohl zunächst keinen Wohlfühlort. Hat man aber erst die Türen durchschritten, dann offenbart sich ein Angebot von 12.000 internationalen Köstlichkeiten und Delikatessen. Hier wird das Einkaufen zu einem unvergesslichen Erlebnis; und mit dem Wissen, dass einst Kaiser Wilhelm I. und große Hotels wie Kempinski und Adlon zur ständigen Kundschaft des Unternehmens (damals noch Carl Lindenberg) gehörte, fühlt man sich doch gleich ein wenig aufgewertet.
Los geht's mit der kulinarischen Entdeckungstour! Am besten im Uhrzeigersinn: Linkerhand verlaufen die Kühltheken, in denen es unter anderen Köstlichkeiten feinste Fischterrinen, Fischrillettes oder Camemberts gibt, die wir seit unserem letzten Bretagne-Urlaub so sehr missen. Zum Glück haben wir uns einen Einkaufswagen vor dem Eingang geschnappt, denn wie von Zauberhand finden die Delikatessen schnell dankbare Abnehmer. Rechterhand locken bereits feinste Öle, von Albaöl bis Wildkräuteröl, Pesto und Balsamico in allen erdenklichen Geschmacksrichtungen, die Entscheidung fällt uns bei dieser Vielfalt wahrlich nicht leicht. Unser Wagen beginnt sich zu füllen, und wir haben noch nicht einmal die hochgelobte Fischtheke, geschweige denn den „Schinkenhimmel" aufgesucht. Serrano, Iberico, Lardo, Bresaola oder der österreichische Vulcano-Schinken, wer soll da noch den Überblick behalten? Endlich rollen wir den mittlerweile halb vollen Wagen in Richtung Fischtheke. Hier präsentieren sich glänzend frische Fische und so allerlei Krustengetier wie frisch vom Kutter. Auch hier gilt das Motto: Klasse statt Masse. Ob St. Pierre oder zahlreiche Austernvarianten, hier wird jeder Genießer fündig! Jetzt fehlt nur noch der schwarze Trüffel, um das Gourmetessen heute Abend zu kredenzen. Und den gibt es natürlich auch hier!

- Frischeparadies Lärchenstraße 101, 65933 Frankfurt am Main
www.frischeparadies.de
- ÖPNV: S21, Haltestelle Griesheim-Bahnhof; Bus 52, Haltestelle Elektronstraße (5 Minuten Fußweg)

Ein Platz an der Sonne

5

Das Oosten

Es ist ein von der Sonne verwöhnter Ort: Sie scheint hier ganztägig – wenn sie denn scheint –, bis sie hinter der Frankfurter Skyline versinkt. Zur Linken: quadratische Häuser der neueren Frankfurter Architektur – Wohnen am Fluss. Zur Rechten reckt sich auf Teilen der ehemaligen Großmarkthalle der schillernde Neubau der EZB mit seiner Spiegelfassade in die Höhe. Geradeaus, nach Westen, folgt der Blick dem Ufer des Flusses und bleibt schließlich an der beeindruckenden Skyline der City hängen. Wenn man hier in der „Oosten-Realwirtschaft" unter Platanen auf der Terrasse einen freien Sitzplatz gefunden hat, kann man sich schon ein echtes Glückskind nennen! Denn das „Oosten" ist ein sehr beliebter Ausflugsort für Spaziergänger am nördlichen Mainufer, für Radfahrer, die einen kurzen Zwischenstopp einlegen, wie auch für Leute, die hier einfach nur ihre tägliche Tasse Kaffee genießen.
Auf dem Gelände einer ehemaligen Werft wurde hier aus Glas, Beton, Stahl und Holz ein einmaliges Bauwerk geschaffen. Drei Stockwerke an einem alten Industriekran verbinden die funktionale Architektur der alten Werft und des Hafens, das Ambiente der alten Großmarkthalle und des wieder geschäftigen und aufstrebenden Ostendes mit transparenter moderner Architektur. Große Glasfenster garantieren viel Licht im Inneren, verschiedene Etagen bieten den Gästen unterschiedliche Restaurants. Vor dem Gebäude erinnert ein nostalgisch anmutender gelber Bananen-Waggon an die letzte Lieferung an die Großmarkthalle, bevor diese ihrem neuen Zweck zugeführt wurde. Wenn der Wind tost und der Regen gegen die großen Fenster peitscht, wird es drinnen ganz heimelig. Am schönsten ist es jedoch im Sommer auf der Terrasse, im Schatten der Bäume; wenn eine kühle Abendbrise das dichte Laubdach der Platanen geheimnisvoll streichelt, die Skyline in den Farben des Sonnenuntergangs magisch zu leuchten beginnt, fühlt man sich wie ein Glückskind.

- Oosten – Realwirtschaft, Mayfarthstraße 4, 60314 Frankfurt am Main
www.freigut-frankfurt.com
- ÖPNV: S1, S6, Haltestelle Zobelstraße, Ostbahnhof/Sonnemannstraße

Der verwunschene Garten

6 Liebieghausgarten und Café

Die wehrhafte Mauer am Ufer des Mains lässt kaum erahnen, welches Kleinod sich dahinter verbirgt. Tritt man durchs schmiedeeiserne Tor, findet man sich in einer Idylle wieder, die ihresgleichen sucht. In einem verwunschenen Garten, wie man ihn in einem Film erwarten würde und sich doch nicht schöner vorstellen könnte. Oder ist es vielleicht doch eine Trutzburg, ein märchenhafter Sehnsuchtsort, aus deren Turm Rapunzel gleich ihr Haar herabfallen lässt? Wo versteckt sich denn hier der Märchenprinz?
Zu jeder Jahreszeit, besonders jedoch im Herbst, wenn sich die ersten Blätter verfärben und satte Rottöne annehmen, kann man hier seine Seele baumeln lassen und einfach glücklich sein. Wir schlagen den Rundweg durch den weitläufigen Garten rechterhand ein, er führt uns vorbei an altehrwürdigen und teilweise exotischen Bäumen und Sträuchern. Neben Platanen, Blauglocken- und Trompetenbäumen finden sich hier auch wunderschöne Magnoliensträucher. Bänke erlauben eine Verschnaufpause in diesem versteckten Refugium, manche mit Blick auf antike Statuen oder den imposanten Bau der Villa Liebieg, einem Skulpturen-Museum, das in seinem Inneren kleine wie auch größere Schätze birgt.
Wer sich dann wieder mehr den irdischen Freuden zuwenden und im Jetzt leben möchte, sollte sich auf keinen Fall die kleinen Konzerte im Garten entgehen lassen. Mit ihrem intimen Charakter und Charme sind sie immer noch ein Geheimtipp. Ein Highlight der besonderen Art ist sicherlich jedoch die in den Sommermonaten stattfindende Veranstaltung „Secret Garden“. An mehreren Abenden werden hier bei lauschiger und loungiger Musik Sundowner kredenzt – Entspannung kann kaum schöner sein. Dazu gibt es kurzweilige Informationen zu aktuellen Kunstprojekten. Der heimliche Star ist der illuminierte Garten, der sich vom Innenhof aus dem Blick öffnet und eine zauberhafte Einladung für alle Rast- und Ruhelosen bereithält: Hier kann man zufrieden den Kopf auf jemandes Schulter legen.

TIPP

Sehr leckeren Kuchen gibt es in dem kultigen Café, das weit über die Stadtgrenzen bekannt ist. Unbedingt den Schoko-Nuss-Kuchen probieren.

- Villa Liebieghaus, Schaumainkai 71, 60596 Frankfurt am Main
www.liebieghaus.de
- ÖPNV: U1, U2, U3, U8, Haltestelle Schweizer Platz; Tram 15, 16, Haltestelle Otto-Hahn-Platz

Romantischer Winterschmaus

7 Fackelwanderung um den Obsthof am Steinberg

Urgemütliche Abende am Lagerfeuer mit ganz viel *Hygge,* fast wie in Dänemark, und das in Frankfurt! Wo es das gibt? Natürlich im „Obsthof am Steinberg“. Etwas ganz Besonderes – und zudem sehr heimelig – sind diese Events in den Wintermonaten. Ganze Familien finden sich am knisternden Lagerfeuer ein, wo es zunächst einmal zur Einstimmung leckeren Glühapfelwein oder für die Kleinen heißen Saft gibt, äußerst lecker, nach altem Familienrezept mit Zimt und Orangen verfeinert. Das alles schafft viel Geborgenheit, und der Kuschelfaktor entsteht hier fast von selbst.

Dann geht es mit flackernden Fackeln bewaffnet und ein wenig flüssiger Wegzehrung durch die nachtdunklen Obsthaine. Auf 1,5 Kilometer langen Wanderweg erfährt man dann in einer kurzweiligen und entspannten Naturlehrstunde alles über den Anbau der über 250 Obstsorten. Alte und seltene Apfelsorten werden hier in liebevoller Handarbeit kultiviert, so wie der Königliche Kurzstiel oder die Muskatrenette, die aus dem 16. und 17. Jahrhundert stammen und früher nur in königlichen Obstgärten wuchsen. Während wir den Geschichten lauschen, legt sich im Lichte des Fackelscheins ein geheimnisvoller, fast schon mystischer Zauber über die Landschaft. Die kahlen Bäume werden zu schwankenden gespenstischen Schatten, die ständig ihre Form ändern, ein überwucherter Steinhaufen verwandelt sich in ein düsteres Vampirgrab.

Als letztes Highlight kehrt man dann in der winterlich ausstaffierten Schoppenwirtschaft ein. In der urigen Stube, die mit Äpfeln, Tannen- und Mistelzweigen geschmückt ist und weihnachtlich duftet, wartet ein herzhaft-fruchtiges Apfelraclette auf hungrige, ungeduldige und dankbare Abnehmer. Der „Obsthof am Steinberg“ zählt zu den wenigen familiengeführten Bio-Obstbetrieben in Frankfurt. Und hier – wie soll es anders sein – werden die Apfel- und die Apfelweinkultur großgeschrieben. Und das schmeckt und genießt man, besonders den Eis-Cidre. Auch hier ist vieles *hyggelig!*

- Obsthof am Steinberg, Am Steinberg 24, 60437 Nieder-Erlenbach
- ÖPNV: Bus 29, Haltestelle Nieder-Erlenbach Schule; über die Brücke in die Straße Am Steinberg, dann 10 Minuten den Berg hinauf

Mit allen Sinnen genießen

8 Wochenmarkt Bornheim

Ein Marktbummel ist immer eine Herzensangelegenheit – eintauchen, sich treiben und inspirieren lassen. Und mal ganz ehrlich: Wer hat denn schon Lust, von Regal zu Regal zu hasten und in schier endlosen Warteschlangen an der Kasse auszuharren? Daher loben wir uns einen Bummel über den Bornheimer Wochenmarkt, der seit fast 40 Jahren den quirligen Stadtteil um ein weiteres Glücksmoment bereichert. Zweimal wöchentlich reihen sich regionale und internationale Verkaufsstände und entführen uns auf eine kleine kulinarische Reise durch die Welt.

Bewaffnet mit einem Korb, stürzen wir uns in Höhe des Uhrtürmchens in das lebendige Markttreiben. Auslagen mit frischem Obst und Gemüse, die ein intensives Aroma verbreiten und mit ihren leuchtenden Farben ein unvergessliches Farbenschauspiel bieten, so weit das Auge reicht. Eine Herausforderung für alle Sinne: Sehen, Riechen, Fühlen und Schmecken. Schon lauert linkerhand bereits die nächste Verlockung: frische und duftende Backwaren, knusprig gebackene Holzofenbrote und leckere Törtchen, denen man kaum widerstehen kann. Mühsam der Verführung entflohen, lassen mir die brutzelnden Geräusche und das Aroma gebratener Würstchen das Wasser im Mund zusammenlaufen. Der Wochenmarkt ist die beste Möglichkeit, regionale und frische Produkte direkt vom Erzeuger zu bekommen. Außerdem hat er sich zu einem Gastro-Treff gemausert: Überall stehen kleine Stände, an denen die Menschen genüsslich in Würstchen beißen, leckere Süppchen schlürfen oder ihren Kaffee genießen.

Ein Highlight, das viele Leute an den Bornheimer Markt lockt, ist der Stand Olivenhandel Peter Karius. Hier wird mediterrane Idylle gelebt – und verkauft. Der Verkaufsstand gleicht einem Postkartenmotiv. Köstliche Olivenvariationen, stilecht in Holzfässern, groß und saftig, wie man sie aus dem Urlaub an der Algarve oder in Südfrankreich kennt. Über allem baumeln getrocknete Knoblauch- und Pepperonigebinde. Doch genug jetzt, wir müssen uns beeilen, um unser Glück in der Warteschlange zu suchen!

- Bornheimer Wochenmarkt, Berger Straße 194, 60385 Frankfurt am Main
- ÖPNV: U4, Haltestelle Bornheim-Mitte

FRANKREICH
-ROSE-
KNOBLAUCH
STÜCK 1,10
Bizerba

Auf den Spuren der Romantik

9 Das Petrihaus

Maximiliane und Armgart von Arnim erlebten hier die wohl schönste Zeit ihrer Kindheit, wenn nicht sogar ihres gesamten Lebens. 5 Jahre voller Glück, von 1829 bis 1834, unbeschwert und sorgenlos, eine Zeit voller Entdeckungen und kleiner Wunder. Ihre Eltern, Bettina und Achim von Arnim, waren beide literarisch zeitweise sehr beschäftigt. Die Mädchen, damals 11 und 8 Jahre alt, kamen zu ihrem Onkel Georg Brentano nach Rödelheim. Die Familie hatte es mit einer Handelsfirma zu beträchtlichem Wohlstand gebracht. Georg konnte mit weitsichtigen Grundstückskäufen und Tauschgeschäften im Laufe der Jahre am Ufer der Nidda einen romantischen Landschaftspark schaffen – den Brentanopark. Auf dem gegenüberliegenden Ufer stand das alte, heruntergekommene Haus des Bäckers Petri. Dies kaufte Georg 1819, ließ es umbauen und renovieren. Er schuf sich ein Refugium für sein privates Glück, mit einem zauberhaften Garten und einem großen Park. Und was konnten die Mädchen hier spielen, toben, ihrer Neugier und Fantasie unbeschwert freien Lauf lassen, kurz: einfach glücklich sein!
Das aufwendig renovierte, idyllische „Petrihaus“ beherbergt heute ein kleines Brentanomuseum. Die originale Einrichtung ist noch erhalten. Führungen durch das Haus, den schmucken Garten und den über das Niddawehr direkt erreichbaren Brentanopark lassen den schöpferischen Geist erahnen, der damals über dem Anwesen schwebte. Heute erinnern Kunstausstellungen und Künstlertreffen an den kulturellen Aufbruch, der zu Zeiten der Romantik hier stattfand. Vor dem Haus steht ein Ginkgobaum, der über 250 Jahre alt und damit der vermutlich älteste Ginkgo ganz Europas ist. Angeblich inspirierte dieser Baum Goethe zu seinem berühmten Gedicht Ginkgo biloba. Sitzt man sommers im gepflegten Garten, kann man, mit ein bisschen Fantasie, fröhliches Kinderlachen hören, den Duft von Kaffee schnuppern und aus der Ferne vielleicht sogar angeregten Diskussionen über die neue deutsche Romantik lauschen.

- Petrihaus, Am Rödelheimer Wehr 15, 60489 Frankfurt am Main
- ÖPNV: S3, S4, S5, Haltestelle Frankfurt-Rödelheim (am Ausgang dem Hinweisschild folgen)

Guck mal, wer da hüpft ...

10 Frankfurter Zoo

Ein Zoobesuch mit den Eltern gehört für die meisten Menschen zu den schönsten Kindheitserinnerungen. Mit lachendenden Gesichtern und vor Glück leuchtenden Augen waren wir schon damals kaum vom Erdmännchengehege oder von der Seerobbenfütterung wegzukriegen. Und auch als Erwachsene gehen wir gerne hin, zumal wir wissen, dass im Frankfurter Zoo die Tiere viel artgerechter gehalten werden als in den meisten anderen großen Zoos der Welt. Wenn man so hautnah exotische Tiere erleben kann, ihre Verhaltensweisen und ihr Miteinander studieren kann, gerät die Welt um einen herum schnell in Vergessenheit. Die persönlichen Favoriten für den heutigen Ausflug sind die Waldhunde und die Humboldt-Pinguine. Die gerade mal 30 Zentimeter großen Frackträger sind einfach nur putzig anzusehen, wenn sie locker-lässig ins Wasser springen und voller Elan elegant ihre Bahnen schwimmen. So schwerelos möchte man sich auch mal fühlen! Stundenlang könnten wir uns die Nase an den Aquarien platt drücken, um diese possierlichen Tierchen zu beobachten. Nicht weniger spannend sind die frechen Waldhunde. Die kleinen Jäger sehen aus wie wohlgenährte Marder. Sie wuseln flink umher, sind aber trotz ihres sozialen Wesens kleine Gauner.

Doch der Frankfurter Zoo hat noch so viel mehr zu bieten: Als zweitältester Zoo Deutschlands und mit dem Namen des weltberühmten Zoologen, Tierfilmers und Naturschützers Grzimek verbunden, ermöglicht er den Besuchern, auf einer Entdeckungsreise die Kontinente zu durchqueren und dabei 500 verschiedene Arten und 4500 Tiere kennenzulernen. Wenn man da nicht sagen kann: „Glück gehabt!" Von der Tierwelt Afrikas mit Löwen, Nashörnern und Affen bis zur Antarktis mit den Pinguinen und der Arktis mit den Schneeeulen. Zum Pflichtprogramm gehört auch der Besuch im größten Nachttierhaus, auch Grzimek-Haus genannt. Die besondere Beleuchtungstechnik ermöglicht es einem, auch bei Tag, nachtaktive Tiere wie Fledermäuse oder Erdferkel zu beobachten. Hier kommt garantiert nie Langeweile auf! Ein Besuch lohnt sich immer wieder.

- Zoo Frankfurt, Bernhard-Grzimek-Allee 1, 60316 Frankfurt am Main
www.zoo-frankfurt.de
- ÖPNV: U6, U7 oder Tram 14, Haltestelle Zoo

Ein verzauberter Weiher

11

Der „Vierwaldstättersee" im Stadtwald

Zum Glück ist es nicht weit: von der Innenstadt ein paar Kilometer in südlicher Richtung, 200 Meter Fußweg durch den Stadtwald, und schon ist man in einer anderen Welt. Eigentlich heißt der Teich Jakobiweiher, aber weil er aus der Luft dem Vierwaldstättersee ähnelt, nannte ihn der Volksmund auch so. Trauerweiden beugen ihre Zweige weit übers Wasser, ihr Geäst bildet dunkle Höhlen, dazwischen streben Haselnuss und andere Sträucher und Bäume zum Licht, gewaltige Buchen recken in zweiter Reihe stolz ihre Häupter empor.

Morgens ist es hier am schönsten. Ruhe herrscht, Enten schwimmen auf dem Wasser, gründeln, schnattern Privates. Kormorane tauchen ab und an völlig unerwarteten Stellen wieder auf, über allem liegt ein feiner Dunst, Morgennebel, der vor der Sonne flüchtet? Ab und zu begegnet man Menschen, die diese klare Stunde zum Joggen nutzen, oder aufgeweckte Hunde begrüßen uns fröhlich, schwanzwedelnd. Hier und jetzt ist die Welt in Ordnung. Ein naturbelassenes Biotop, das an das kleine Paradies zu Beginn von Steinbecks *Von Mäusen und Menschen* erinnert; sogar der Reiher, der mit seiner Flucht dort in symbolischer Leichtigkeit die Vertreibung aus dem Garten ankündigt, verharrt hier in stoischer Ruhe und beäugt die Passanten.

Eilige können über eine kleine Holzbrücke ihren Rundgang abkürzen, aber warum sollte man das tun? Eine vollständige Umrundung des Weihers bietet so viel Sehenswertes. Und für müde Füße bieten sich viele Bänke zur Rast an. Auf einer Waldlichtung am nordöstlichen Ufer befindet sich die „Speakers' Corner", mit einem wackeligen Rednerpult und kleinen Holzbänken für die Zuhörer, ein Stück Weges weiter steht der „Pinkelbaum", der in Abständen Wasser lässt, die „Eule im Norwegerpulli" kauert in einem Baum – beides Kunstobjekte des Satirikers F. K. Waechter. Und immer noch beobachtet uns der Silberreiher, der völlig unbeteiligt wirkt. Vielleicht ist auch er ein Kunstobjekt? Hier, das spürt man, ist einfach vieles anders.

TIPP

Nach ausgedehnter Wanderung empfiehlt sich das Restaurant „Oberschweinstiege" gleich neben dem Weiher, mit deftiger gutbürgerlicher Kost.

● Jakobiweiher, Oberschweinstiegschneise 65, 60598 Frankfurt am Main
● ÖPNV: Tram 14, Haltestelle Oberschweinstiege

Alte Liebe rostet nicht

12

Der Eiserne Steg

Nicht ganz so berühmt wie die Hohenzollernbrücke in Köln, aber doch ein ganz besonderer Ort ist der Eiserne Steg. Mal ehrlich, „Brücke der Liebenden und frisch Verliebten" klingt doch gleich viel besser. Was früher die eingeritzten Initialen in Birken oder auf Holzbänken waren, das sind heute in den Großstädten die Vorhängeschlösser. Woher der Brauch rührt, beschriftete oder mit Liebessymbolen verzierte Schlösser zum Beweis der ewigen Liebe an Brückengelände zu befestigen, ist nicht sicher geklärt. Kitschfaktor hin oder her, eine Attraktion ist es allemal. Der Eiserne Steg ist aber auch in anderer Hinsicht eine echte Frankfurter Sehenswürdigkeit: Die Brücke macht sich immer gut als Fotomotiv und bietet garantiert einen tollen Blick auf die Skyline, vor allem, wenn man abends darüberschlendert.
Frankfurt besitzt insgesamt sieben Brücken, die von *Hibbdebach* nach *Dribbdebac*h führen, und sie alle sind nicht nur wichtige Verkehrsstraßen, sondern transportieren ästhetische Vorstellungen und beweisen technisches Können. So wie im Falle des Eisernes Stegs, der als Hängebrücke vom Frankfurter Ingenieur Peter Schmick geplant war, seine jetzige Gestalt nach dem Wiederaufbau 1946 erhielt. Mit einer Länge von 174 Metern und 5,44 Metern Breite ist er eine kleine technische Meisterleistung. Was man jedoch nicht vergessen sollte, das ist die Tatsache, dass Brücken vor allem Stadtteile und Menschen zusammenbrachten und -bringen. Seit einigen Jahren hat sich auch in Frankfurt der Brauch etabliert, nach der Trauung im traditionsreichen Römer ein Vorhängeschlösschen am Gelände der Brücke anzubringen, quasi als Beweis dafür, dass man sich „aneinanderkettet". Und offensichtlich scheint das mit der Liebe auch ganz gut zu funktionieren: Während im Rest Deutschlands die Durchschnittsehe nach 6 Jahren in die Brüche geht, hält sie in Frankfurt immerhin ganze 7 Jahre! Also: Augen auf beim nächsten abendlichen Schlendern mit dem oder der Liebsten – wo ist das geeignete Plätzchen zum Verewigen?

- Eiserner Steg, Mainkai 39, 60311 Frankfurt am Main
- ÖPNV: Tram 11, 12, Haltestelle Römer/Paulskirche

So schmeckt Heimat

13 Das Grie-Soß-Denkmal in Oberrad

Satte grüne Kräuterwiesen, die im Frühjahr oder Sommer weithin ein intensives Aroma verbreiten und den Gaumen kitzeln ... Die Kräuter- und Gemüsefelder im Stadtteil Oberrad im Grüngürtel sind ein wahrer Glücksfall für Frankfurt, denn hier wachsen und gedeihen – und das auf ganz natürliche Weise ohne chemische Keulen – die heiligen Kräuter des kulinarischen Nationalerbes Grie Soß. Und das seit Generationen! Neben Handkäs (über den schon manch einer die Nase rümpfen mag) und Ebbelwoi ist die Grüne Soße als Frankfurter Spezialität weit über die Stadtgrenze bekannt. Ob sie nun tatsächlich eine Frankfurter Erfindung ist oder eine Variante der französischen Sauce verte und ob sie womöglich Goethes Leibspeise war, ist den Frankfurtern völlig schnuppe. Für sie ist sie ein Original und wird so geschätzt, dass man ihr sogar ein Denkmal gesetzt hat. Für jedes der sieben Kräuter steht ein in unterschiedlichen Grüntönen gefertigtes kleines Gewächshaus, das seit 2007 die berühmte Soße ehrt. Und so reihen sich hier Borretsch, Kerbel, Kresse, Schnittlauch, Pimpinelle, Sauerampfer und Petersilie aneinander wie Perlen auf einer Schnur.
Lüften wir nun das wohlgehütete Geheimnis und verraten das Rezept: Die feingehackten Kräuter werden mit Schmand oder saurer Sahne verrührt und anschließend mit Essig, Öl und Gewürzen verfeinert. Hart gekochte und klein geschnittene Eier können als Variante auch noch hinzugefügt werden, und fertig ist die köstliche Frankfurter Soße, die auch dem Nichtfrankfurter ein zufriedenes Lächeln aufs Gesicht zaubert. So schmeckt Wohlfühlküche, und so schmeckt Heimat! Als Beilage gibt es traditionell Pell- oder Salzkartoffeln. Darf's ein bisschen deftiger sein? Dann werden auch gekochte Ochsenbrust, Tafelspitz, Schnitzel oder Spargel gereicht – so bekommt man sie hier in den traditionellen Lokalen ebenfalls serviert. Vom Besuch des „Gärtnerdorfs", wie Oberrad auch liebevoll genannt wird, sollte man also unbedingt ein Kräuterbouquet mit nach Hause nehmen.

- Grüne-Soße-Denkmal, Speckweg 7, 60599 Frankfurt am Main
- ÖPNV: Tram 15, 16, 18, Haltestelle Bleiweißstraße

Retromodenträume

14 Peggy Sue Frankfurt

Retromode, das ist etwas für die Frau von heute. Die Frau, die es versteht, selbstbewusst und stilsicher in der Mode der 20er- bis 60er-Jahre ihre Weiblichkeit zu zeigen. Dass man mit solchen Kleidern überhaupt nicht „verkleidet“ oder modisch abgehoben aussehen muss, beweist ein Besuch bei „Peggy Sue Frankfurt“ im Brückenviertel. Die Inhaberin Angi Henn versteht es einfach, jeder Figur eine schöne Taille zu schenken. Den Blick dafür hat sie in die Wiege gelegt bekommen, dank ihrer Omas, die Modeliebhaberinnen waren. Als Heranwachsende hat Henn dann mit größtem Interesse und nostalgischer Leidenschaft die alten Kleidungskataloge gewälzt, die auf dem Dachboden lagen.
Seit nunmehr 8 Jahren verzaubert sie ihre Kundinnen mit Kleidern internationaler Retro-Fashion-Labels wie Gatsbylady oder Lady Vintage. Sie sind immer besondere Hingucker, und viele Modelle sind einfach zeitlos. Ein schöner Nebeneffekt ist, dass sie nicht dem üblichen Einerlei der großen Ketten entsprechen, und im Material und auch in der Passform sind sie allemal alltagstauglich – also unbedingt probieren! Das Sortiment umfasst zudem wunderschöne Accessoires wie Taschen, Schmuck, Strümpfe und kleine Geschenke. Da ist garantiert für jeden Geldbeutel etwas dabei. Ein ganz besonderes Angebot sind Workshops, bei denen man neben der professionellen Modeberatung auch noch die Möglichkeit hat, geschminkt und frisiert zu werden, um den perfekten Retrolook zu finden.
Die gelernte Grafikdesignerin hat sich mit „Peggy Sue Frankfurt“ ihr Lebenswerk geschaffen. Dass sie ein ganz besonderes Verhältnis zu ihren Kleidungsstücken hat, merkt man spätestens, wenn es bei einer Nachfrage heißt: „Ach ja, Beverly in Rot und Lola blau-weiß, die sind leider schon verkauft.“ Jedes Kleid wird hier nämlich mit Namen angesprochen. Wie wäre es mal mit einer Shopping-Party gemeinsam mit den Freundinnen oder mit einer kleinen originellen Überraschung für den Retro-Queen-Abend? Und im Handumdrehen ist man dem wunderbaren Vintage-Virus verfallen.

- Peggy Sue Frankfurt, Wallstraße 20, 60594 Frankfurt am Main
www.peggysuefrankfurt.de
- ÖPNV: Tram 14, 18, Haltestelle Frankensteiner Platz (8 Minuten Fußweg)

NEUE KOLLEKTION • NEUE KOLLEKTION

Lauschiges Lesekränzchen

15

Die Platane im Grüneburgpark

Wer liest, der lebt, vor allem jedoch lebt er glücklich. Das war schon immer mein Lebensmotto. Zum Wohlfühlen brauche ich nicht viel – Familie, Freunde, gutes Essen und nicht zu vergessen: das richtige Buch samt passendem Ort. Meine Lieblingsleseorte sind das heimische Bett, die Badewanne, das kuschelige Sofa, um nur die klassischen zu nennen. Ein ganz besonderer Schmökerort (damit er das auch bleibt, dürfte ich ihn hier eigentlich gar nicht erwähnen) ist eine Bank im Grüneburgpark, mit Blick auf eine gigantische Platane und eine tieftraurige Hängebuche. Dabei handelt es sich um ganz besonders stattliche Exemplare, die weit über 150 Jahre auf dem Buckel haben. Die Platane mit ihrem grau-silbrigen Stamm ist eine majestätische Erscheinung, die kein Sturm so schnell aus der Ruhe bringt; die Buche mit den tief überhängenden Zweigen hat wohl ihren Zenit überschritten, sie muss schon gestützt werden. Damit man sich noch ein paar Jahre an ihrer Schönheit erfreuen kann, wurde eine Holzabsperrung errichtet. Stundenlang kann man sich hier aufhalten, ob nun lesend oder schlendernd und den alten Baumbestand bewundernd.

Der Grüneburgpark mit seinen über 2800 zum Teil sehr alten und seltenen Bäumen zählt nicht nur zu den schönsten Parkanlagen Frankfurts, er hat auch eine wechselhafte und ereignisreiche Geschichte. Aus einem burgartigen Landgut hervorgegangen, wurde er Mitte des 19. Jahrhunderts zu einem Landschaftsgarten mit „Feenschlösschen“ umgebaut. Illustre Persönlichkeiten, Literaten und Schöngeister wie Bettina und Clemens von Brentano, Caroline von Günderode und auch Goethe pflegten hier zu flanieren und hielten „Lesekränzchen“ in dieser grünen Oase ab. Ein Hauch der einstigen Schönheit – immerhin waren ein Weiher, eine große Vogelvoliere, ein Laubengang und fünf Pavillons wesentliche Bestandteile des Gartens – lässt sich auch heute noch erahnen. Doch man sollte nicht zu lange in Erinnerungen schwelgen, der nächste Glücksort wartet bereits darauf, entdeckt zu werden.

TIPP

Das „Park-Café“, das in dem wunderschönen unter Denkmalschutz stehenden Pavillon beherbergt ist. Nur im Sommer und bei gutem Wetter in Betrieb.

● Grüneburgpark, August-Siebert-Straße 22, 60323 Frankfurt am Main
● ÖPNV: U6, U7, Haltestelle Westend

Park - Cafe
Park
Cafe
Park
Cafe

La vie est belle

16

Mon Amie Maxi

Ein schickeres Dining, das dazu noch *très française* ist, gibt es wohl kaum in Frankfurt als in der Brasserie und Oyster-Bar „Mon Amie Maxi". Dass man es hier nicht mit der traditionellen Pariser Bistro-Bar zu tun hat, ahnt man bereits am Eingang zur klassizistischen Villa. Uns empfängt eine mit Teppichen ausgelegte Treppe, dezent gesetztes Licht führt uns zum Empfang im Hochparterre, wo uns ein höflicher *maître de rang* nach einem Blick in sein großes Buch höchstselbst zu unseren Plätzen bittet. Wir passieren einen Tisch mit üppigen Blumenarrangements, die lange Bartheke, im Hintergrund ragen dezent beleuchtete Regale mit Spirituosen bis an die Decke. Gleich daneben zieht die spektakuläre Meeresfrüchte-Bar mit auf Bergen von Eis getürmten Hummern, Krebsen und Muscheln die Blicke auf sich. Das Ambiente ist pompös, von Pariser-Bistro-Design ist hier nichts mehr zu spüren: Die roten Lederbänke und Thonet-Stühle sind Samtsesseln in zartrosa gewichen. Die Wände sind in Grautönen gehalten, opulente Blumengestecke präsentieren sich in großen Vasen, kleine Stuckfiguren an den Wänden bieten Abwechslung. Glitzernde Kronleuchter, Vorhänge in Pastelltönen und gedämpfte Deckenspots sorgen für eine intime Atmosphäre. Aufmerksame, zuvorkommende Kellner präsentieren die Speisekarte, auf der französische Brasserie-Klassiker angeboten werden; das Angebot reicht von Gänseleber und Loup de mer über Steak tartare bis hin zur Crème brulée. Am Nachbartisch ist das Plateau de fruits de mer mit Austern, Crevetten und anderen Meeresfrüchten ein wahrer Blickfang!
Wir entscheiden uns aber für ein schlichtes Boeuf Bourguignon, das hier als saftige Rinderbäckchen an fein abgeschmecktem Kartoffelstampf mit einer kräftigen dunklen Sauce daherkommt, und für das rosa gebratene Lammkotelett mit fruchtiger Ratatouille; ein guter Wein soll das Ganze abrunden. Und wir werden wahrlich nicht enttäuscht! Kleine lukullische Träume sind es, die die Herrscher der Showküche kreieren, in die die Gäste einen Blick werfen dürfen.

● Mon Amie Maxi, Bockenheimer Landstraße 31, 60325 Frankfurt am Main
www.mook-group.de/monamiemaxi
● ÖPNV: U6, U7, Haltestelle Alte Oper

Mit Trimmy auf Hochtouren

17 Vitaparcours im Huthpark

Wenn ich die Wahl habe zwischen muffiger Fitnessbude und Bewegung an der frischen Luft und in der Natur, dann muss ich nicht lange überlegen. Wie wäre es denn mal mit einem klassischen Trimm-dich-Pfad? Kennt noch jemand „Trimmy", das lustige Männlein, das einem in den Siebzigern mit erhobenem Daumen von zahllosen Plakaten aus zur sportlichen Betätigung motivierte? Auch wenn die traditionellen Bewegungsparcours mittlerweile leider an Popularität eingebüßt haben, kann ich den „Vitaparcours" im Huthpark nur wärmstens empfehlen. Denn auch hier wird die heilige Trinität von Ausdauer, Kraft und Kondition (plus Beweglichkeit) vorzüglich trainiert und das auch noch zum Nulltarif.

Nach einer kurzen Aufwärmphase schwinge ich mich erst mal aufs Pedalo und versuche, in möglichst flüssigen und runden Bewegungsabläufen (professionell soll es schließlich auch noch aussehen!) zunächst vorwärts und dann rückwärts zu treten. Es folgt das Modul Kraft: Hier stehen gleich mehrere Stationen zur Auswahl. Zum Glück sind überall Schautafeln angebracht, die mich aufklären, wie man die Übungen richtig durchführt. Da ich es so nicht so mit Liegestützen und Klimmzügen habe, entscheide ich mich für Rückenstrecken, Sit-ups und Stützspringen. Ich merke bereits, wie mit jeder Bewegung Endorphine freigesetzt werden. Zum Schluss noch ein paar Dehnübungen.

Gestärkt und gestählt, vor allem jedoch glücklich darüber, dass ich endlich meinen inneren Schweinehund überwunden habe, gönne ich mir eine Runde durch den Huthpark, der direkt an den Fitnessparcours angrenzt. Der Huthpark ist fast schon ein kleiner Geheimtipp. Da er etwas abseits der City und leicht erhöht liegt, gehört er zu den weniger stark frequentierten Frankfurter Parkanlagen. Zum Glück, denn hier hat man einen wunderbaren Ausblick und kann sich relaxt eine kleine Auszeit in der grünen Oase gönnen. Seit 2012 gibt es hier noch ein weiteres Highlight, nämlich das Café BERGstation, in dem man sich nach all den kraftraubenden Übungen wunderbar stärken kann.

- Huthpark, Propst-Goebels-Weg 17, 60389 Frankfurt am Main
- ÖPNV: Bus 30, 69, Haltestelle Unfallklinik/B3

Hochkarätige (Kult-)Tour

18

Museumsuferfest

Das Museumsufer ist seit über 30 Jahren ein *place to be*. Doch an 3 Tagen im August wird es zum Glücksort par excellence, denn dann dreht sich hier alles um Kunst, Kultur, Musik und Gastronomie, und das ist mehr als nur einen Besuch wert. Während dieser Tage befindet sich Frankfurt im Ausnahmezustand, und es ist ein Leichtes, sich mitreißen zu lassen. Und das taten im Jahre 2018 immerhin stolze zwei Millionen Besucher aus dem gesamten Rhein-Main-Gebiet, die sich das sensationelle Spektakel nicht entgehen lassen wollten.

Dass Frankfurt jede Menge Kunst und Kultur zu bieten hat, weiß man spätestens seit den 80er-Jahren, denn damals schossen Museen und Galerien wie Pilze aus dem Boden. Das Angebot an Kunst- und Kulturveranstaltungen und -stätten wurde vielfältiger und facettenreicher, und das ist zum Glück auch heute noch so. Langweilig wird es einem in „Mainhattan" nie! Das 1988 von den Frankfurter Museen ins Leben gerufene Museumsuferfest ist ein absolutes Muss für alle, die sich für Kunst, Kultur und Partys interessieren – selbstverständlich ohne den antiquierten und angestaubten Touch. Richtige Kulturpartys finden auf den beiden Mainseiten am dritten Augustwochenende statt, mit hipper Musik, Kunstperformances, kreativen Workshops, sportlichen Wettkämpfen, informativen Vorträgen und interessanten Führungen durch Ausstellungen. Nicht zu vergessen: das unvergleichliche Gastronomieangebot. Multikulturelles Flair schwebt über allem, denn schließlich sind um die 180 Nationen in dieser kleinen Metropole heimisch, und alle wissen, dass unterschiedliche Kulturen voneinander lernen und einander – in einem Klima der Toleranz – gegenseitig bereichern können. Den krönenden Abschluss des großen Kulturfestes bildet ein gewaltiges Feuerwerk, das Bücherwürmer unweigerlich an den Feuerzauber erinnert, der die mitreißende, fantastische und spannende Reise des kleinen Frodo Beutlin durch Mittelerde einleitet.

- Museumsufer, Schaumainkai, 60569 Frankfurt am Main
- ÖPNV: U1, U2, U3, U8, Haltestelle Schweizer Platz

Qi tanken und Frieden finden

19 Der Koreanische Garten

Wir passieren den großzügig angelegten Campus Westend der Goethe-Universität mit den funktionellen Betonkuben und schlendern in Richtung Grüneburgpark. Der Blick öffnet sich auf die herbstliche Parklandschaft mit ihren herrschaftlichen Bäumen, die in Ocker-, Rot- und Gelbtönen mit der Sonne um die Wette strahlen. Linkerhand befindet sich ein durch Bambussträucher, Hecken und niedrige Mauern mit fremdartigen Symbolen auf den Kronen abgeschirmtes Areal, in dem sich der Wind im hohen Gras fängt – der Koreanische Garten verbirgt, was er in sich birgt, so heißt es. Ein Blick genügt, und man fühlt sich in eine Welt versetzt, die ruhiger und verträumter nicht sein könnte. Unwillkürlich stellt sich ein Gefühl von tiefer Ruhe und Harmonie ein.

Der Koreanische Garten wurde im Stil eines traditionellen Gelehrtengartens angelegt, in dem gelehrt, meditiert und über Philosophie diskutiert wurde. Als Idealbild der Natur ist er nach klaren Prinzipien gestaltet, die einzelnen Elemente verschmelzen zu einem harmonischen Ganzen – einem Abbild der vier Jahreszeiten. Am Haupteingang empfängt uns der Frühlingsgarten. Wie die Natur auf ihr Erwachen wartet, so soll auch der Besucher hier kurz innehalten. Der Sommergarten wird durch den Morgentau-Pavillon symbolisiert. Das Wasser im Teich und die alten Bäume spenden im Sommer wohltuenden Schatten und gewähren Erholung. An der höchsten Stelle der Anlage befindet sich der Herbstgarten, der der meditativen Betrachtung der Natur vorbehalten ist. Die Struktur der gesamten Anlage, die Perspektiven der Linienführung, die Pflaumenlaube – ein Holzhaus an einem Teich mit einer rosa leuchtenden Winterkirsche –, die symbolischen Werte der Pflanzen … All das soll der „Vorbereitung“ des Besuchers dienen, dessen flüchtiges Ich die Einheit des Menschen mit der Natur sucht. Und danach streben auch die vielen Menschen, die sich hier regelmäßig am Wochenende treffen, um Taijiquan oder Qi Gong zu üben. Es tut gut, morgens in aller Frühe, diesen „Künstlern“ zuzuschauen.

- Koreanischer Garten im Grüneburgpark, August-Siebert-Straße 22, 60323 Frankfurt am Main
- ÖPNV: U6, U7, Haltestelle Westend

Ostafrika ist so nah!

20 Im Herzen Afrikas

Wer nach einem außergewöhnlichen Restaurant sucht, einem, das wirklich mal etwas aus dem Rahmen fällt und das man nicht so schnell vergisst, dem sei ein Besuch „Im Herzen Afrikas“ wärmstens empfohlen. Authentische eritreische Küche wird mit viel afrikanischer Seele und Herz zubereitet, gegessen wird nach traditioneller Art mit den Fingern, auch eine neue Erfahrung!

Einzigartig ist auch das Ambiente der beiden separaten Restauranträume, die jeweils einen eigenen Eingang besitzen. Die linke Location hat eher Lounge-Charakter: tiefe Bodenkissen auf Saharasand laden zum entspannten Chillen ein, man könnte auch mit nackten Füßen eintreten! Hier verbringt vor allem jüngeres Publikum gern den Nachmittag oder Abend mit den köstlichen selbst gemachten Limonaden und einem Snack. Der Barmann an der gegenüberliegenden Theke kennt das Erfolgsrezept, um seine Kunden glücklich zu machen. Die Wände sind mit afrikanischen „Tribals“ geschmückt, und die braun gestrichenen und teilweise traditionell mit Lehm versehenen Decken lassen Afrika-Feeling aufkommen. Das rechte Restaurant punktet mit gleich zwei Highlights – einem Baumhaus, nicht einfach zu erklimmen, aber als Sitzmöglichkeit nicht zu toppen, und dem weiß-blau getünchten Rundhäuschen mit Lehmdach.

Doch was wäre das Ambiente ohne das Essen? Beginnen sollte man den ostafrikanischen Abend mit einem köstlichen Hummus, der samtig auf der Zunge liegt und äußerst würzig schmeckt, dazu wird leckeres Fladenbrot gereicht. Als Hauptgang ist die gemischte Platte eine gute Empfehlung – vegetarisch oder mit mehreren Fleischgerichten. Die Platte stellt sich als ein überdimensionaler Teller heraus, der mit scharfen und schmackhaften Fleischragouts bestückt ist; würzige Linsendips, Gemüse und das traditionelle Injera (eritreisches Brot, wie eine Crêpe) runden das Ganze ab. Um den Durst zu stillen, der sich nach dem scharfen Essen einstellt, ist das hauseigene Bier zu empfehlen. Im Hier und Jetzt in die Ferne schweifen, wo gibt's das schon?

- Im Herzen Afrikas, Gutleutstraße 13, 60329 Frankfurt am Main, Tel. (0 69) 24 24 60 80, www.imherzenafrikas-frankfurt.de
- ÖPNV: U1, U2, U3, U4, U5, Haltestelle Willy-Brandt-Platz

IM HERZEN AFRIKAS
BAR

Im Töpfern liegt die Kraft

21

Töpferkurs im Bahnhofsviertel

Zuerst behutsam die im Laufe der Jahre doch leicht arthritisch gewordenen Finger lockern, anfeuchten und dann in die kühle Masse tauchen, sich dabei in die rotierenden Bewegungen und das Surren der Töpferscheibe versenken und das leichte Kitzeln in den Fingerspitzen spüren. Und schon, mit ein bisschen Druck, gibt das so leicht formbare Material nach und lässt sich, fast wie von Zauberhand, in die gewünschte Form bringen. (Nun ja, ein bisschen Geduld und Fingerübung braucht es schon). Über kurz oder lang verwandelt sich der grobe Tonklumpen in Formen, die später zu Schalen, Vasen, Tassen oder Tellern werden. Ganz nebenher stellt sich allein durch das haptische Erlebnis – das Anfassen und Formen von Ton – ein fast schon meditatives Gefühl ein. Der Ton, der aus der Erde kommt, erdet! So schnell und schön kann Entschleunigung gehen! Ganz im Hier und Jetzt aufgehen, das Gedankenkarussell zum Stillstand bringen und dem Stress des Alltags einfach mal entkommen, das ist möglich, wenn man sich auf einen Töpferkurs bei Viola Beuscher einlässt. Die Jungunternehmerin betreibt mit viel Herzblut und Begeisterung ihr kleines, aber helles Studio im Bahnhofsviertel mit großem Erfolg. Ihre Stücke mit dem Keramiklabel „VB Ceramics" sind bei Gastronomiebetrieben in Frankfurt und auch deutschlandweit heiß begehrt, und die Workshop-Kurse sind auf lange Zeit ausgebucht.

TIPP

Auch im Herzen der Neuen Altstadt lässt es sich gut töpfern: Töpferei Bauer, Markt 9, 60311 Frankfurt, www.toepferei-bauer.de

Das uralte und zeitlose Handwerk erlebt schon seit Längerem ein Revival und hat nichts mehr mit dem einstigen angestaubten Image einer Hausfrauenbeschäftigung zu tun. Ob Frau oder Mann, Jung oder Alt, Hausfrau oder Banker, der Reiz des Materials und die vielfältigen Möglichkeiten der händischen Gestaltung hat sie alle unterschiedslos gepackt. Wie andere DIY-Trends bietet auch Töpfern eine wunderbare Rückzugsmöglichkeit, bei der man etwas Kreatives und Individuelles mit den eigenen Händen schaffen kann. Wenn das nicht Glück ist, das man sogar noch verschenken kann!

● Töpferkurs im Bahnhofsviertel, Gutleutstraße 16a, 60329 Frankfurt am Main, Tel. (0 69) 96 75 38 00, www.violabeuscherceramics.com
● ÖPNV: diverse Linien, Haltestelle Hauptbahnhof

Ein Kilometer Lebensglück

22

Die Schweizer Straße

Die Straße zwischen Mainufer und Südbahnhof ist nur einen Kilometer lang, aber auf Sachsenhausens Lebensachse findet man alles, was das Herz begehrt – oder doch zumindest fast alles. Frankfurt hat neben der überfüllten Zeil, der mondän-exquisiten Goethestraße und der wuseligen „Multi-Kulti"-Ecke Leipziger Straße auch noch die Schweizer Straße im lebendigen Stadtteil Sachsenhausen, und diese versprüht einen ganz besonderen Charme. Bodenständigkeit und Geselligkeit werden hier noch großgeschrieben.

In den spätklassizistischen Bauten findet sich ein buntes Potpourri von Dingen, die Begehrlichkeiten wecken, und das abseits von Hektik und Schickimicki-Hype. Mit den ersten Sonnenstrahlen sind die Plätze vor den Cafés gut besucht, es wird gelacht, geschnattert, die Menschen fühlen sich einfach wohl. Wer hier wohnt, möchte gar nicht mehr weg. Neben feinen Delikatessengeschäften und hippen Bistros gibt es alteingesessene und noch inhabergeführte Bäckereien, Metzgereien, Weinhandlungen. Die Liste ließe sich um ein Vielfaches fortsetzen.

Auch in den Seitenstraßen findet sich Besonderes: Kleine Perlen und Geheimtipps aus der Gastronomie und dem Lifestyle-Bereich verstecken sich hier und wollen entdeckt werden. Und wenn man schon mal hier ist, sollte man auch die Sachsenhausener Ebbelwoiwirtschaften ausprobieren, von denen es hier gleich zwei ganz traditionsreiche gibt: „Zum Gemalten Haus", gut an dem Hausfresko und der imposanten grünen Tür zu erkennen, und „Ebbelwoi Wagner", in einem Hinterhof gelegen. Hier bekommt man noch grundehrliche Frankfurter Hausmannskost serviert, und nirgendwo sonst in Frankfurt kann man der Sachsenhäuser Seele und dem Handkäs auf diese Weise begegnen. Für Schleckermäulchen hat das „Jamin" nebst feinster Confiseriekunst auch Frankfurttypisches wie das Bethmännchen oder die Römerpraline mit Calvados im Angebot. Und im ruhigen Park der historischen Villa Metzler kann man in aller Ruhe die eben erworbenen Preziosen verköstigen.

TIPP

Hier gehe ich nie mit leeren Händen nach Hause: „Schmidt's Papeterie & Wohnaccessoires", Schweizer Straße 67, 60594 Frankfurt am Main.

● Schweizer Straße, 60594 Frankfurt am Main
www.die-schweizerstrasse.de
● ÖPNV: Tram 15, 16, 19, Haltestelle Gartenstraße; U1, U2, U3, U8, Haltestelle Schweizer Platz

Splish, splash ...

23 Die Wasserspiele im Günthersburgpark

Wir haben Glück, der Wettergott hat es mal wieder gut mit der Mainmetropole gemeint. Fast schon zu gut, könnte man meinen, denn die Temperaturen haben die 25-Grad-Marke deutlich überschritten. Da sehnt man sich doch nach einer nassen Abkühlung. Diesen Wunsch bekommt man im Günthersburgpark erfüllt. Besonders an heißen Sonnentagen gibt es kaum etwas Schöneres, als die Mittagspause hierher zu verlegen.

Mit einem kühlen Getränk und einem Sandwich bewaffnet, fläzt man sich auf eine der Bänke oder am besten direkt auf die Wiese unter die schattenspendenden Bäume und genießt! Die wasserspeienden Steinfiguren, die mit voller Kraft ihren regenbogenfarbenen Sprühregen aus Fontänen verteilen, locken wie Sirenen. Vielleicht doch einfach mal die Sandalen ausziehen und sich ins Wassergetümmel wagen? Wie schön wäre es, das kühlende Nass auf sich niederprasseln zu lassen! Aber wenn ich noch länger zögere, ist diese Chance vertan, denn ab Mittag muss man die Wasserspielanlage mit quiekenden und herumtollenden Kindern teilen. Überhaupt ist der ehemals englische Garten, der seit Ende des 19. Jahrhunderts zum Volkspark erklärt wurde, eine wahre Ruheoase für die Großen und ein Spielparadies für die Kleinen. Weit angelegte Wiesenflächen, schöner alter, zum Teil auch exotischer Baumbestand, eine Platanenallee für Boulespieler, ein Spiel- und ein Bolzplatz und nicht zu vergessen: die Wasserspielanlage. Das ist einfach eine unschlagbare Mischung, wie sie sonst nicht in Frankfurt anzutreffen ist.

Kein Wunder, dass hier auch das jährlich stattfindende STOFFEL (Stalburg Theater Offen Luft) seine Spielstätte gefunden hat. Vier Wochen lang kommt hier wirklich jedermann auf seine Kosten. Mit Kabarett, Musik, Lesungen und natürlich Theater verwöhnt das Team des Stalburg Theaters seit mittlerweile 15 Jahren sein Publikum, und das alles bei freiem Eintritt! So, nun endlich die Sandalen ablegen und mit nackten Füßen im Wasser planschen. Eine Wohltat! Jetzt kann der Sommer endlich kommen.

- Günthersburgpark, Wetteraustraße 7, 60389 Frankfurt am Main
- ÖPNV: Tram 12, Haltestelle Günthersburgpark

Dem Hesse sei Heimat!

24 kaufhausHessen

Liebe zur Heimat geht auch durch den Magen. Vielleicht gehen auch deshalb regionale Produkte seit einigen Jahren weg wie warme Semmeln. Ob Eier vom Biohof, Äpfel und Kirschen von den benachbarten Streuobstwiesen – gemäß dem Slogan: „den Geschmack der Heimat erschmeck- und erlebbar machen". Dieses für Lebensmittel erfolgreiche Konzept funktioniert auch bei anderen regionalen Erzeugnissen. So kamen die Gründerinnen 2010 auf die Idee für ihr „kaufhausHessen". Der Erfolg gab ihnen recht. In ihrer Produktpalette (immerhin an die 5000 Artikel) findet sich alles, was das Herz eines jeden Hessen höherschlagen lässt, von originell bis skurril: Vom Handkäsekracker über den Krawallschoppen bis hin zur Bekleidung für Freunde der hessischen Mundart – so wird einem schnell klar, dass die Hessen ein besonders trinkfestes Völkchen mit einer großen Portion Humor sind. Für die Frankfurt-Fan-Fraktion gibt es im Angebot: Gestrickte Bembel-Eierwärmer oder Bembel-Socken, die garantiert nicht nur hessische Füße warmhalten. Feinschmecker dürfen sich über die fast schon hitverdächtigen Grillsoßen und Senfspezialitäten von Kornmeyer's oder über das Frankfurter Traditionsgebäck Bethmännchen und Haddekuche freuen. Auch die Grüne-Soße-Produktpalette lässt kaum Wünsche übrig – wie wäre es beispielsweise mal mit einer Fudge Grie Soß? Auch fast skurril, auf jeden Fall aber herzerwärmend sind die kleinen Küchenhelferlein wie die Frankfurt-Kuchenausstecher „Back dir deine Stadt" oder die lustigen Frühstücksbrettchen, die garantiert zum Spontankauf verleiten. Her mit dem Zwudda oder dem Geschenkkorb im Lokalkolorit!

Menschen kaufen regionale Produkte, weil sie sich emotional mit ihrer Region verbunden fühlen und zu schätzen wissen, was hier produziert wird. Wer sich nicht entscheiden kann, oder wer schon alles hat, oder wer gar nichts kaufen will, setzt sich einfach entspannt in die gemütliche Leseecke, trinkt Kaffee oder Tee und liest oder plaudert. *„Was mer hat, des hat mer, hat mer's net dann fehlt's aam."*

- kaufhausHessen, Berger Straße 288, 60385 Frankfurt am Mai
www.kaufhaushessen.de
- ÖPNV: U4 oder Tram 12, Haltestelle Bornheim Mitte

Romantik an der Signalanlage

25

Orange Beach

Wasserhäuschen haben in Frankfurt Tradition und sind vom Stadtbild einfach nicht wegzudenken. Für viele Frankfurter bedeuten sie ein kleines Stück Heimat, denn viele positive Kindheitserinnerungen hängen daran. Für 'ne Mark 'ne gemischte Tüte – aber hoffentlich ohne Lakritz! Entstanden in der zweiten Hälfte des 19. Jahrhunderts, dienten sie ehemals dem Ausschank von Mineralwasser. In Zeiten, in denen nur gekochtes Wasser als unbedenklich galt und Arbeiter daher lieber Bier und Schnaps frönten, war der Verkauf von Mineralwasser fast schon eine notwendige Maßnahme. Von den einstmals 800 Trinkhallen sind heute nur noch ca. 300 erhalten, ihr Kultstatus ist (zum Glück) ungebrochen. Regelmäßig angebotene Führungen oder auch das witzige Wasserhäuschenquartett für zu Hause sind Beispiele für die anhaltende Beliebtheit.

TIPP

Weitere sehenswerte Wasserhäuschen sind „Cinelli's" im Nordend oder das „Gude-Wasserhäuschen" am Matthias-Beltz-Platz.

Doch was macht den Reiz eigentlich aus? Ganz einfach: Sie sind Treffpunkt für alle, ob Banker, Studi oder Hausfrau, hier finden alle zusammen. Einige der Trinkhallen wurden mittlerweile auch besonders schmuck hergerichtet, das frühere Schmuddelimage ist längst Vergangenheit, wie nicht zuletzt das „Orange Beach" beweist. Das selbst ernannte „zweitschönste Versteck unter der Sonne" befindet sich unter der Niederrader Eisenbahnbrücke und offenbart einen besonderen, leicht schrägen und chaotischen Charme. Mit Strandkörben, Palmen, Liegestühlen und einem schmalen Sandstreifen mit Zugang zum Wasser ist das „Orange Beach" eine richtige Chill-out-Oase, die von einem bunt gemischten Publikum genutzt wird. Es ist Kult. Die Leute mögen es einfach. Hier wird entspannt, gelacht, zu Livemusik getanzt, getrunken und gefeiert, Apfelwein und Schoppen inklusive. Im kreativ herausgeputzten Kiosk gibt es auch für den kleinen Hunger etwas. Und mit ganz viel Glück ergattert man vielleicht auch noch einen Teller von der Gulaschkanone, für die Hajo Gries höchstselbst die Kochkelle schwingt. Sogar an Heiligabend finden hier viele einsame Seelen eine stille Zuflucht. *Ei, des hett mer net gedacht! Rischdisch guud.*

- Orange Beach, Gutleutstraße 391, 60327 Frankfurt am Main
  www.orangebeach-frankfurt.de
- ÖPNV: Bus 37, Haltestelle Briefzentrum; nach der ersten Eisenbahnbrücke links über den Fuß-/Radweg

GUDE
ORANGE
Beach
GUDE
HOT BEER
LOUSY FOOD
BAD SERVICE
WELCOME
HAVE A NICE DAY
SOMERSBY
FLENSBURGER

Von der Glückswelle getragen

26 Beim Frankfurt-Marathon

Beim Laufen schüttet man Endorphine aus, und die machen glücklich, das weiß inzwischen jeder. Als Feierabend-Wochenendläufer bin ich auch ganz glücklich; immerhin liegt meine bisherige Bestmarke bei 10 Kilometern. Warum sich also über 42,195 Kilometer quälen und dabei noch Zeitrekorde brechen?

Dennoch wollte ich mir wenigstens einmal den Marathonlauf in Frankfurt anschauen, ich will mir ja nicht nachsagen lassen, ich sei ignorant. Und siehe da: Es gab doch tatsächlich auch Läufer und Läuferinnen jeden Alters, die nicht völlig ausgepumpt, nach Luft japsend, mit schmerzverzerrten Gesichtern hinter der Ziellinie zusammenbrachen. Schließlich nehmen hier viele teil, die gar nicht nach Rekorden streben wie die ersten Ankömmlinge (man sagt wohl finisher). Manche tragen glücklich lachend ihre kleine Tochter über die Ziellinie, andere machen ganz entspannt ein Selfie beim letzten Schritt über die magische Linie. Auch das ist der Frankfurter Marathon, der alljährlich im Oktober stattfindet. Und er wird immer beliebter.

Die Strecke geht durch die Innenstadt und wieder zurück. Auch als Zuschauer kann man sich der Faszination des Laufs nicht entziehen. Mit Wellen der Begeisterung entlang der Strecke werden alle Teilnehmer angefeuert: die schnellen Profis genau wie die Amateure, für die das Teilnehmen das Wichtigste ist. An vielen Aktionspunkten am „längsten Straßenfest Frankfurts" zelebrieren Nichtläufer mit Livemusik, Essen, Trinken und fröhlichen Gesängen das Event. Eine ganze Stadt feiert und ist glücklich. Das Finish ist in der legendären, randvoll besetzten Festhalle, die vor Begeisterung und ausgelassener Stimmung fast überkocht. Über einen roten Teppich laufen die finisher ein, mit donnerndem Beifall werden alle – auch ganz spät Eintrudelnde – begrüßt, mit Gesängen über die Ziellinie getragen und gefeiert. Das Ganze ist ein einmaliges Erlebnis. Man kann sich der Begeisterung gar nicht entziehen, sei es an der Strecke oder am Zielleinlauf. Das ist Frankfurter *hygge*.

● Zieleinlauf: Ludwig-Erhard-Anlage 1, 60327 Frankfurt am Main
● ÖPNV: U4, Tram 16, 17, Haltestelle Festhalle/Messe

ANKFURT MAR
Rosbacher

Dem Schokohimmel so nah

27

Michis Schokoatelier

Schon beim Lesen des Namens sollten alle Leckermäulchen hellhörig werden. Und tatsächlich wähnt man sich beim Besuch in „Michels Schokoatelier“ im siebten Schokoladenhimmel. Empfangen wird man von einer wunderbar intensiven schokoladigen Duftwolke. Das Sortiment umfasst ca. 50 Pralinensorten, handgeschöpfte Schokoladen, Trinkschokolade und viele andere Köstlichkeiten, sodass garantiert jede Naschkatze hier ihr Schokoglück findet. Der Chocolatier und Pâtisseur Michael Kitz scheut dabei vor nichts zurück, ist sehr experimentierfreudig. Wie es sich für Frankfurt gehört, dürfen auch eine Grie-Soß-Praline, die Eintracht-Praline für die Fußballfans oder so Ausgefallenes wie Basilikumherzen, Erdbeerspargel oder die „Grüne Fee“ in der Auslage nicht fehlen. Hinter dem klangvollen Namen des Letzteren verbirgt sich eine Absinth-Praline für ganz mutige Nostalgiker. Also nichts wie ran an die kleine Kugel!

Alle Schokoholics, die sich schon immer gewünscht haben, einmal selbst in die Welt der maîtres chocolatiers einzutauchen, und das kleine süße Gold selbst kreieren wollen, sind hier an der richtigen Adresse, denn Michi macht es möglich: Regelmäßig bietet der Maître Kurse an, in denen man lernt, wie Schokoladenpralinen oder -eis hergestellt werden. Da muss man achtgeben, dass man sich nicht schon während der Einführung und der Verkostung den Bauch vollschlägt. Nach der Veranstaltung weiß man, wie aus einer Kakaobohne feinste Schokolade wird, und Begriffe wie Ganache, Conchieren oder das Igeln von Pralinen sind keine „böhmischen Dörfer“ mehr.

Wem das zu viel Aufwand ist, der kann sich auch einfach ins grüne Biedermeiersofa sinken lassen und in aller Ruhe, bei klassischer Musik, genüsslich eine heiße Tasse feinster Trinkschokolade mit orientalischem Aroma genießen. Hmmm. Und ein süßes Schmuckkästchen voller Pralinés als Mitbringsel wird sicherlich auch niemand verwehren. Schließlich wissen wir doch: Schokolade hat einen hohen Glückswert – beim Nehmen und einen noch höheren beim Geben.

● Michis Schokoatelier, Sandweg 60, 60316 Frankfurt am Main
www.michis-schokoatelier.de
● ÖPNV: U4, Haltestelle Merianplatz

Eine vergessene Oase

28 Der Bürgerpark in der Eschenheimer Anlage

„Sieh, das Gute liegt so nah", sagte Goethe, der große Sohn Frankfurts, dereinst. Und wie so oft im Leben stolpert man manchmal rein zufällig über das kleine Glück. So auch hier: Direkt neben dem lauten Verkehrsknotenpunkt am Eschenheimer Tor, vorbei am Denkmal im Jugendstil zu Ehren Philipp Reis, des Erfinders des Telefons, das bei der Enthüllung 1919 für einen Skandal sorgte, öffnet sich der Blick auf eine kleine grüne Insel mit Bäumen und Sträuchern mitten im Gewirr der großen Straßen. So ein Kleinod erwartet man hier gar nicht. Hinter einem unscheinbaren, quietschenden Gittertor führen ein paar ausgetretene Stufen hinab, und plötzlich steht man unerwartet in einem kleinen Park. Eine lange Pergola an der nördlichen Mauer lädt zum Verweilen ein und spendet im Sommer Schatten. Von hier folgt der Blick den strahlenförmig fortführenden Kieswegen und halbkreisförmig angelegten kleinen Beeten, die von Buchsbaumhecken eingefasst sind. Blühende Blumen in Amphoren verleihen dem Garten ein besonderes Flair.

In dieser Oase herrschen klare Gliederung und überraschende Ruhe vor, man fühlt sich wie in einer anderen Welt – eine wahre Wohltat nach dem stressigen Chaos auf den Asphaltbahnen nebenan. Unwillkürlich fällt der Blick auf einen mächtigen Brunnen, von dessen hinterer Wand leise plätschernd Wasser über ein eindrucksvolles Medusenhaupt fällt. Eine Treppe führt auf die Terrasse hinter dem Brunnen, von der ein Laubengang den Besucher letztlich aus dem Garten herausführt. Der Bürgergarten wurde 1982 in Anlehnung an die Wallgärten gestaltet, die sich wohlhabende Bürger Frankfurts im frühen 19. Jahrhundert an den alten Stadtmauern schaffen ließen. Die ehemaligen Stadtmauern werden übrigens heute noch von den Grünanlagen markiert, die im Anlagenring die Innenstadt umgürten. Sie präsentieren Skulpturen, kleine Denkmäler und viele andere überraschende künstlerische Kreationen und warten nur darauf, entdeckt zu werden.

- Bürgergarten in der Eschenheimer Anlage, Frankfurt
- ÖPNV: U1, U2, U3, U8, Haltestelle Eschenheimer Tor

Gänsehaut garantiert

29 Nächtliche Führungen im Senckenberg Naturmuseum

Ein Ort, der bei Jung wie Alt so viele „Ohs", „Ahs" hervorlockt, kann einfach nur ein Glücksort sein. Und das gelingt hier schon gleich zu Beginn den heimlichen Stars des Senckenbergmuseums: den Saurierskeletten. Steht man dem Tyrannosaurus Rex mit seinen 13 Metern Länge gegenüber, fühlt man sich wie ein Winzling. Erinnerungen an Szenen aus dem Blockbuster Jurassic Park kommen einem in den Sinn. Schon bei unserem ersten Schulklassenausflug ins Senckenberg Naturmuseum standen wir fasziniert vor einer präparierten Anakonda, die ein Wasserschwein verschlingt – Kopf und Rumpf der Beute waren bereits im riesigen Schlund des Tieres verschwunden. Und auch heute noch lässt einen dieser Anblick nicht so schnell los.

Die Sammlung des Museums ist einfach spektakulär, und eine Buchseite reicht nicht aus, um die vielen weltweit einzigartigen Exponate aufzuzählen. Als eines der größten Naturkundemuseen Deutschlands verfolgt es den Schwerpunkt, die Biodiversität, also die Vielfalt tierischen, menschlichen und pflanzlichen Lebens auf der Erde, und die Evolution darzustellen. Und das gelingt ihm auf ganz beeindruckende Weise, denn es versteht sich als lebendiges Museum, als Ort zum Staunen und Entdecken. Mit der Virtual-Reality-Brille durch die Sammlung zu laufen und die Dinos hautnah zu erleben und sogar auf Schmusekurs mit den Riesen zu gehen, kommt nicht nur bei kleinen Besuchern ganz groß an.

Ein Erlebnis der besonderen Art ist zweifelsohne auch die Führung für Verliebte und Nachtschwärmer. Nach einem Glas Sekt geht es bei Kerzenschein auf Entdeckungsreise, und dabei erfährt man pikante Details und bekommt ungewöhnliche Einblicke in das Liebesleben der Tiere. Wenn das nichts ist! Weniger romantisch, dafür aber kindertauglich und immer gut besucht sind die nächtlichen Taschenlampenführungen – bei denen eine Gänsehaut vorprogrammiert ist. Fast besser als Kino, weil fast real!

● Senckenbergmuseum, Senckenberganlage 25, 60325 Frankfurt am Main
● ÖPNV: U4, U6, U7, Haltestelle Bockenheimer Warte; Tram 16, 17, Haltestelle Ludwig-Erhard-Anlage

Die Weite des Glashauses

30

Das Adorno-Denkmal

Der Name Theodor W. Adorno ist untrennbar mit Frankfurt verbunden, wie auch – man verzeihe den banalen Vergleich – der Ebbelwoi, die Grie Soß und natürlich Goethe. Und das ist ein großes Glück für Frankfurt. Adorno war Philosoph, Soziologe und Komponist – vielleicht der letzte Universalgelehrte. Das Denkmal dieses sprachgewaltigen Denkers auf dem Campus Westend ist ein schlichter Glaskubus mit minimalem Mobiliar: einem Schreibtisch, einem Stuhl, einer Lampe, die von einer Zeitschaltuhr gesteuert wird und die an seine schier unermüdliche Schaffenskraft Tag und Nacht erinnern soll, einem Metronom als Symbol für seinen Bezug zur Musik, und einem Exemplar seines philosophischen Hauptwerks.

Hier auf dem Campus Westend hat das Denkmal einen würdigen Platz gefunden. Im schon immer von multikulturellen Strömungen geprägten Frankfurt hat sich stets ein offener Geist gezeigt, der auf der Freiheit und dem Miteinander fußt: Ohne die gemeinsamen Initiativen von Bürgern gäbe es Parks wie den Palmengarten nicht. Zahlreiche Mäzene stifteten Geld für die Kunst oder ermöglichten den Bau von Museen auf ihren Grundstücken. Die Paulskirche gilt als das wichtigste Symbol der deutschen Demokratie. Dies wie auch die vielen unterschiedlichen Religionen fördern ein Klima der gelebten Toleranz und lebendigen Kreativität, und dies in jeglicher Hinsicht. Auch das künstlerische und intellektuelle Streben ist seit Langem von einer kosmopolitischen Weitsicht geprägt, die Frauen und Männer mit einem fragenden, neugierigen Verstand in die weite Welt hinausblicken lässt.

Steht man, umgeben von all den jungen Menschen auf dem Campus, vor dem durchsichtigen Denkmal, fällt es einem leicht, den Gedanken freien Lauf zu lassen. Und je länger man sinniert, je ruhiger die Gedanken werden, desto mehr hat man das Gefühl, sie spiegeln sich im Glas des Kubus wider. Und dann offenbart sich einem nach und nach die fundamentale Einsicht, dass man Glück nur mit einem freien Verstand und einem offenen Herzen finden kann.

- Campus Westend, Theodor-W.-Adorno-Platz, 60323 Frankfurt am Main
- ÖPNV: U1, U2, U3, U4, Haltestelle Holzhausenstraße (10 Minuten Fußweg)

Weinselig

31 Auf dem Frankfurter Lohrberg

„In der Ruhe liegt die Kraft" – woher auch immer diese uralte Weisheitsformel stammt, ihre Wahrheit ist unumstritten. Laotse griff sie auf, Goethe spielte auf sie an, wer Yoga praktiziert, weiß es eh, und eigentlich suchen wir doch alle ein Mantra zu unserem Kraftzentrum. Ist man, aus welchen Gründen auch immer, in dieser unglaublich geschäftigen Metropole den Verkehr, den Lärm, die Abgase und die quengelnden Smartphones (das eigene inbegriffen) leid, fährt man am besten auf den Lohrberg, den Hausberg Frankfurts. Welch eine Idylle, welch ein Ort der Kraft! Ruhe, so weit man blicken und hören kann. Hier findet man zu sich, fühlt sich fast zu Hause. Weitläufige Wiesen, kleine und große Rotunden im Schatten alter Bäume, die man am liebsten umarmen möchte, an klaren Tagen ein fantastischer Blick auf den Seckbach und die Skyline der City. Hier oben möchte man ewig bleiben.

Und dann gibt es da noch den Wingert am Hang, unterhalb des Panoramawegs. Es gab Zeiten, da kultivierten und becherten die Frankfurter Wein in großen Mengen. Doch das war einmal: In der Ebbelwoi-Stadt ist der Wingert auf dem Lohrberg der einzig noch erhaltene Weinberg der Stadt. Er wird vom Städtischen Weingut gehütet wie ein Augapfel, gepflegt wird er von einem Winzer des Vertrauens von außerhalb. Auf dem terrassenförmig angelegten Wingert werden die Weinreben dank der hervorragenden Lage von der Sonne verwöhnt und liefern einen vorzüglichen Tropfen. Den kann man übrigens im Weinladen am Römer und in der nahe gelegenen Schenke erstehen, einst ein beliebter Treffpunkt von Frankfurter Künstlern und Mimen. Zum Glück haben wir vorgesorgt: Im Picknickkorb sind zwei Flaschen des Weins vom Hang, zwei Gläser; und von der Rotunde, im Schatten, sehen wir viele andere gut gelaunte, entspannte Menschen, mit denen wir locker ins Gespräch kommen. *In vino veritas* – im Wein liegt die Wahrheit, und die Wahrheit führt zum Glück, glaubt man den Weisen. Und sei es auch nur zur Weinseligkeit.

- Lohrberg, Auf dem Lohr 9, 60389 Frankfurt am Main
- ÖPNV: U4, Haltestelle Bornheim-Mitte; Bus 43, Haltestelle Zentgrafenschule (15 Minuten Fußweg)

Von Anis bis Zimt

32 Gewürze Schnorr

Dieser Laden besitzt einen sehr persönlichen Nostalgiefaktor und ganz viel heimelige Atmosphäre. Hierher hat es mich bereits vor über 20 Jahren verschlagen, und jeder Frankfurt-Trip endete auch mit einem Besuch bei „Gewürze Schnorr". Schon damals waren es vor allem die hausgemischten (und mittlerweile berühmten) Reismischungen, die im Einkaufskörbchen ihren Platz fanden. Bereits beim Betreten umfing einen der Duft von betörenden exotischen Gewürzen und ausgefallenen Teevariationen, und wir freuten uns wie Bolle, wenn wir eine Portion der leckeren Reismischungen zum Probieren angeboten bekamen.
Seit einigen Jahren hat sich das Sortiment um Couscous-, Tabouleh- und Linsenmischungen erweitert, mein absoluter Liebling ist und bleibt aber die exotische Reis-Curry-Mischung. Der kleine Laden mit dem großen Angebot ist inzwischen eine echte Frankfurter Institution und ermöglicht einem immer wieder eine kleine Reise in die weite Welt der Gewürze und Genüsse. Das sieht man schon an den Auslagen in den Fenstern, in denen auch schönes fernöstliches Kunsthandwerk zu bewundern ist. Es gibt eine riesige Auswahl an erstklassigen Gewürzen und über 300 Teesorten aus aller Welt, die der Seele und den Sinnen guttun und – vor allem Erstere – die Kochtöpfe bereichern. Exquisite Schokoladen, leckere Brotaufstriche, zu Weihnachten Frankfurter Bethmännchen aus Marzipan, fruchtige Chutneys, erstklassige Öle und viele andere Raritäten lassen Entdeckerherzen höherschlagen. Seit mehreren Generationen wird hier nicht nur um des Verkaufens willens die Ware an Mann und Frau gebracht. Man möchte den Kunden auch glücklich sehen. Ob bei Pu-Erh-Zeremonien mit chinesischen Teemeistern, Vorträgen oder leckeren Verkostungen: Hier ist der Kunde noch König, und als solcher fühlt man sich auch. Das kompetente Team bietet unaufdringlich seine Hilfe an, ist trotz Gewimmel und Gewusel sehr freundlich und unendlich entspannt, denn: „*Tea is the key.*" Also nichts wie hin und viel Zeit mitbringen: Man kann zwischen all den leckeren Dingen nämlich stundenlang herumstöbern.

- Gewürz- und Teehaus Schnorr & Co., Neue Kräme 28, 60311 Frankfurt am Main www.teeshop.de
- ÖPNV: Tram 11, 12, 14, Haltestelle Römer/Paulskirche

SCHNORR
Peperoncino
SCHNORR
Thaya's
SCHNORR
Gewürzmischung
Ich will auf Alles!
ohne Glutamat
Pikante universell zu verwendende Gewürzmischung die einfach „Alles" verfeinert
Gewürz- und Teehaus Schnorr & Co. GmbH
Neue Kräme 28 · 60311 Frankfurt am Main
SCHNORR
Tomate Mozzarella
ohne Glutamat
SCHNORR
Spaghetti Gewürz
SCHNORR
Gewürzmischung
SCHNORR
Gewürzmischung
Tessiner
SCHNORR
Salze
Danish Smoked Salt
Infos:
Kalt geräuchertes Salz aus dem toten Meer. Durch die schonende kalte Räucherung ist das Salz heller als üblich
Zutaten:
Meersalz, Rauch
Aufbewahrung:
Bitte vor Wärme schützen und trocken lagern.
Gewürz- und Teehaus Schnorr & Co. GmbH
Neue Kräme 28 · 60311 Frankfurt am Main
SCHNORR
Gewürzmischung
SCHNORR
Afrikanische Gewürzmischung
Chakalaka Dip
Zutaten: Zwiebel, Paparika, Chili, Tomaten, Koriander, Knoblauch, geräucherter Paprika, Karotten, Ingwer, Bockshornkleesaat, Petersilie, Porree, Kreuzkümmel, Pfeffer, Pastinaken, SELLERIEBLÄTTER, Zimt, Piment, Kardamom, Nelken, Kümmel, Meersalz, Rohrohrzucker
Kann Spuren von SENF enthalten
Zubereitung Dip Saucen: 1-2 Eßl Chakalaka in 150-200g Ketchup oder Frischkäse einrühren und kurz ziehen lassen
Gewürz- und Teehaus Schnorr & Co. GmbH
Neue Kräme 28 · 60311 Frankfurt am Main
Gewürzmischung
Burger und Roastbeef

Catwalk für Hunde

33

Altschwanheimer Eichen

Der Stadtwald ist die große grüne Lunge Frankfurts und ein wahrer Glücksfall für die kleinste Metropole Deutschlands. Wohl kaum jemand weiß, dass die Stadt seit 2014 neben Amsterdam, Krakau und Valencia das Prädikat „Europäische Stadt der Bäume" trägt. Das hat sich natürlich auch bei den lieben Vierbeinern und deren Haltern herumgesprochen. Zu laut, zu hektisch, zu überbevölkert und mitunter auch zu gefährlich waren die kleinen Parkanlagen in der City, sodass Balou, Max, Luna und Bella nach ruhigeren Gefilden suchten. Welch ein Glück, dass sie in dem schon fast urwaldlich anmutenden Schwanheimer Wald ein kleines Paradies gefunden haben.

Auf den schier endlosen Wegschneisen lässt sich wunderbar im Trab neben Herrchen und Frauchen Gassi laufen und Artgenossen begrüßen. Trixie von Scheffels stolziert schon wieder erhobenen Hauptes mit einem neuen Strasshalsband herum, obwohl dessen Vorgänger erst zwei Wochen alt ist, und der alte Dackel Theo darf mit einem gepolsterten Hundemantel seine arthritischen Gelenke vor Kälte schützen – das muss man doch zeigen! Rechts und links des Weges warten betörende Duftmarken, die es zu erschnüffeln gilt. (Erschrockene Spaziergänger brauchen nichts zu befürchten, die Notdurft der Vierbeiner wird von den verantwortungsvollen Hundehaltern im Tütchen mitgenommen.) Besonders spannend für Schnüffelnasen wird es aber – wie so oft im Leben – abseits der ausgetretenen Pfade. Hier thronen majestätisch die alten Stieleichen. Mit ihren knorrigen und verdrehten Ästen ragen sie fast wie verzauberte Riesen aus einer anderen Zeit in den Himmel empor. Manche Schnüffelnase stand bereits ehrfürchtig staunend davor – und so auch wir. Und das ist gut so, denn einige der Eichen haben schon über 100 Jahre auf dem Buckel und sind Naturdenkmäler, die es unbedingt zu erhalten gilt. Die Erhabenheit ihrer Gestalt übt einen geradezu magischen Reiz aus, dem man sich kaum entziehen kann. Man möchte sie am liebsten umarmen.

● Altschwanheimer Eichen, Frankfurt-Schwanheim, am nördlichen Rand des Schwanheimer Waldeszwischen Harthweg und Neufeldschneise
● ÖPNV: Tram 12, 19, Haltestelle Harthweg

Gute Fahrt auf dem Floß!

34 Auf der Nidda mit dem flow

Bei dem Wort Floßfahrt denken wir mittlerweile fast schon automatisch in Anglizismen: Das ist doch White Water Rafting, wie man es aus Tirol, Frankreich oder Übersee kennt! Aber dem Besser-größer-schneller-Hype wollen wir uns nicht anschließen, und auf den berauschenden Adrenalinkick können wir auch gut verzichten. Wir haben was Besseres entdeckt, etwas vollkommen Entschleunigendes. Eine Floßfahrt auf der doch etwas ruhig dahinfließenden Nidda. Ein besonderer Glücksfall für kleine Gruppen und Familien, aber eigentlich für jedermann.

Vor der Fahrt gibt's einen Einführungskurs über Sicherheits- und Verhaltensregeln; ein kleines Floß wird – unter fachkundiger Anleitung natürlich – selbst zusammengebaut, notfalls wird noch ein kleineres für die Fahrräder gebastelt. Spätestens jetzt sind die Hobby-Ingenieure und -Konstrukteure hellauf begeistert und jauchzen glücklich. Und auf geht's, mit Paddeln und geschultem Personal, das Fahrradfloß im Schlepptau. Rechts und links Wiesen, bewaldete Auen und Naturschutzgebiete, das viele Grün tut dem Auge gut. Die gut ausgebildeten Betreuer von der Naturschule Hessen helfen geduldig mit Rat und Tat: Sie erklären die Route, geben Tipps, wie man ökonomisch die Paddel eintaucht, steuern notfalls fachmännisch mit, um das Floß zurück in die Strömung zu lenken, erzählen den Mitreisenden alles über Flora und Fauna, umschiffen gekonnt Untiefen oder ins Wasser hängende Zweige, freuen sich selbst über die Reise, lachen und sind einfach nett. Wie im Flug sind die etwas mehr als 4 Kilometer zurückgelegt. Schade eigentlich, wir würden die langsame Reise am liebsten gleich noch einmal machen. Am alten Flugplatz in Frankfurt-Bonames ist der Ausstieg. Auf dem Brückengeländer lauert schon eine weitere Rarität dieses Biotops: Das Frankfurter Grüngürteltier, das nur hier anzutreffen ist (in Form einer Bronzeplastik). Bei Kaffee und Kuchen oder Limo im Café wird uns klar: Das war eine Fahrt, die allen viel Spaß gemacht hat und auf der wir viel gelernt haben.

- Veranstalter Naturschule Hessen, Am Burghof 55, 60437 Frankfurt am Main www.naturschule-hessen.de
- ÖPNV: U2, Haltestelle Kalbach; 4 Minuten Fußweg über den Unteren Kalbacher Weg in Richtung Alter Flugplatz Bonames

Ein Stück Venedig

35 La Gondola Rossa di Francoforto

Seit dem Frühjahr 2020 ist Frankfurt um eine romantische Attraktion reicher. Gondoliere Salvatore ist mit seiner Gondola ein echter Hingucker und ein Glücksbringer dazu. Die rote Gondel ist ein Meisterwerk der aussterbenden venezianischen Gondelbauerkunst, verziert mit den typischen Schnitzereien, Messingbeschlägen und dem auffälligen Bugeisen, dem ferro.

Salvatore und seine Gondel bringen uns zu einigen der Glücksorte, die wir bereits besucht haben oder die wir noch kennenlernen werden: Flussabwärts sehen wir linkerhand das LiLu (Licht und Luftbad) am grünen Niederräder Ufer, wir passieren die kultige Orange Beach-Bar. Flussaufwärts bewundern wir den Maintower, das Museumsufer mit dem Liebieg-Haus liegt rechts, linkerhand der Ostpark mit dem „Oosten", dahinter reckt sich der Neubau der EBZ in die Höhe. Und wenn wir wollten, würde uns die Gondel auch bis zur Gerbermühle tragen! Die Fahrt ist kurzweilig, Salvatore hat viele kleine Anekdoten zu erzählen; zu Gebäuden rechts und links und den Brücken, die wir sanft gleitend unterqueren.

Die Gondola bietet fünf Personen Platz, am schnuckeligsten ist die Fahrt jedoch zu zweit. Besonders beliebt ist die Gondelfahrt als Hochzeitsgeschenk bei Frischvermählten. Und damit es richtig romantisch wird, bietet Salvatore auf Wunsch kühlen Secco und Snacks an. Mitunter ist er für seine verliebten Fahrgäste auch Ehestifter: Rein zufällig treibt manchmal eine Flasche zum richtigen Zeitpunkt im Wasser. Salvatore fischt sie auf, und ebenso rein zufällig findet sich in der Flasche ein Heiratsantrag an den Geliebten oder die Angebetete. Was für eine Überraschung, was für ein glückliches Strahlen in den Augen! „Das sind rührende Momente", selbst für den Gondoliere.

Am Ufer winken Spaziergänger und applaudieren, Radfahrer steigen von ihren E-Bikes und machen Fotos, fremde Menschen wünschen „Gute Fahrt". Manche stimmen *Il sole mio, sta in fronte a te!* an. Dies zu erleben ist pures Glück, nur noch zu steigern bei einer Fahrt in einer lauen Sommernacht, vorbei an der glitzernden Skyline der City.

- La Gondola Rossa di Francoforto, Kreuzung Bachforellenweg und Flußkrebssteg (am Hafenbecken Westhafen), 60327 Frankfurt am Main, Tel. (01 78) 6 35 94 45 www.lagondolarossa.de, April bis Oktober
- ÖPNV: Tram 16, 17, 20, 21, Haltestelle Basler Platz

Oase der Kraft

36 Im Klosterhof der Liebfrauenkirche

Inmitten des quirligen und oft auch hektischen Shoppingviertels rund um die Zeil ist der versteckte Klosterhof des Kapuzinerklosters ein Ort der absoluten Entschleunigung und der Besinnung – ein echter Glücksort eben. Durchschreitet man die Pforte, fühlt man sich fast in einer anderen Welt. Hier findet man ein Meer der Stille vor. Durchatmen, Luft holen und innehalten. Tagtäglich hasten Tausende Menschen durch dieses Areal, und doch verirren sich nur wenige hierher. „Ein Ort, an dem man für sich sein kann", stellt einer der Kapuzinerbrüder fest. So verwundert es auch nicht, dass hier nicht nur Katholiken, sondern auch Buddhisten, Atheisten, Muslime oder Protestanten eine willkommene Anlaufstelle finden. Um in der Abgeschiedenheit einen spirituellen Raum zu haben oder sich einfach mal, fernab von Stress und Verpflichtungen, dem täglichen Stress und dem Kaufrausch, eine kurze Auszeit zu gönnen. Im ruhigen Rhythmus flackernde Anbetungskerzen im Arkadengang verleihen dem Ort besonders in den Abendstunden eine Aura der Stille und Besinnlichkeit. Ich zünde eine Kerze an als Dankeschön für Gesundheit, Familie, Hoffnung und das Glück, das mir immer wieder begegnet. Möglich gemacht hat dies die Kapuziner-Gemeinschaft, die sich hier vor rund 100 Jahren niedergelassen hat. Zum Kloster gehört auch die zwischen dem 14. und 16. Jahrhundert erbaute Kirche, die ebenfalls einen Besuch wert ist. Derzeit leben in der Klostergemeinschaft sechs Brüder. Sie haben es sich zur Aufgabe gemacht, arme und hilfsbedürftige Menschen zu unterstützen, wobei sich das Kloster grundsätzlich als Anlaufstelle für jedermann versteht. Gemäß diesem Leitgedanken ist auch der „Franziskaner-Treff" zu sehen, der Notbedürftigen die Möglichkeit gibt, morgens für 50 Cent ein warmes Frühstück zu erhalten. Nicht erst, seitdem wissenschaftlich erwiesen ist, dass Schenken und Spenden Glücksgefühle im Gehirn auslösen, steht altruistisches Handeln ganz hoch im Kurs, und das ist auch gut so.

TIPP

Das „Café Liebfrauenberg" gleich nebenan. Der Kellner ist eine kleine Frankfurter Berühmtheit. Wenn man Glück hat, dann zitiert er aus seinem Buch Das Leben ist ein Cappuccino.

- Liebfrauenkirche, Liebfrauenberg, 60313 Frankfurt am Main
- ÖPNV: U6, U7, Haltestelle Hauptwache

Nicht den Faden verlieren

37 Nähe Main

„Do it yourself“ boomt, und Nähen rangiert bei den Kreativen und Selbermachern ganz oben auf der Skala der „DIY“-Tätigkeiten. Mächtig stolz und vor allem glücklich fühlt man sich, wenn man das erste selbst genähte Kleidungsstück in den Händen hält. Und in Zeiten, in denen die Bekleidungsketten mit den immer gleichen langweiligen Kollektionen auf Kundenfang gehen, schätze ich etwas Selbstgemachtes umso mehr. Zugegeben, als Anfängerin reicht mir bislang eine selbst genähte Decke oder ein Kissenbezug. Natürlich verlangt das Nähen einer trendigen Bluse viel Geduld, ein bisschen Fleiß und viel Freude, aber mit den richtigen Basics ist es wirklich kein Hexenwerk mehr.

Den Menschen das Nähen näherzubringen, das gelingt Silke Gehrig – von Haus aus Marketingexpertin, vom Herzen her kreative Näherin – im „Nähe Main“, dem ersten Frankfurter „Näherholungsgebiet“, auf alle Fälle. Ihre regelmäßig stattfindenden Kurse und Workshops (mit nicht mehr als 4 bis 5 Teilnehmern) erfreuen sich eines großen Zulaufs. Kein Wunder, denn in dem kleinen, aber feinen Ladenatelier wird nicht nur wichtiges Know-how vermittelt, hier werden mit Hirn, Hand und Herz schöne Unikate hergestellt. Sich den Wunsch zu erfüllen, etwas Handfestes zu schaffen, kreativ sein zu dürfen und zu können – das ist schon ein besonderes Erlebnis. Und wenn einem dann auch noch Freundinnen oder Kolleginnen neidvolle Blicke zuwerfen, dann ist das wie Balsam für die Seele.

Für alle, die zwei linke Hände besitzen, hält „Nähe Main“ auch ein interessantes Ladensortiment bereit: Silke Gehrigs eigenes Label „feingemacht“ bietet hier wunderschöne Accessoires wie Kosmetik- und Wickeltaschen, die hitverdächtigen Lunch Bags und niedliche Kinderstrampler an. Aber auch viele originelle Lifestyle-Produkte von anderen Frankfurter Designern wie Taschen, Notizbücher, Klemmbretter und Kinderspielzeug bereichern das Angebot, sodass man dieses Eldorado für Stoffe, Faden und Zwirn garantiert nicht mit leeren Händen verlässt.

- Nähe Main, Schulstraße 1, 60594 Frankfurt am Main
- ÖPNV: diverse Linien, Haltestelle Südbahnhof

play&go
WILD LIFE
TYRANNO SAURUS
GET LOST!
DINOSAUR
SAY NO

Kleine Alhambra in der City

38 Das Maurische Haus

Am Eschenheimer Tor, wo die Große Eschenheimer Straße zur Eschenheimer Landstraße wird, befindet sich die Eschenheimer Anlage. Gleich vorne, hinter dem kleinen Park, trifft man auf eine Merkwürdigkeit. Ein Gebäude fällt regelrecht aus dem architektonischen Rahmen. Es ist ein kleiner Palast, so wie man ihn sich aus den Geschichten aus 1001 Nacht vorstellt. Ein orientalisch anmutendes Kleinod. Die Hufeisenbögen an den schlanken Ziersäulchen, die sternenförmigen Einfassungen der Fenster, die Minarette auf dem Dach, vor allem jedoch die wunderschönen Ornamente auf den grün-grau glasierten Kacheln sind maurische Zierelemente, die dem „Maurischen Haus" auch seinen Namen gaben.

So märchenhaft wie das Gebäude ist auch die Geschichte bzw. Legende dahinter: Es war einmal ein Frankfurter Kaufmann, der sich auf einer seiner Reisen in das Land der Pharaonen und Pyramiden unsterblich in eine ägyptische Schönheit verliebte. Um ihr seine große Liebe zu beweisen, vor allem aber um seiner Liebsten ein Stück Heimat in der neuen Umgebung zu schenken, ließ er dieses Haus errichten. Leider verschuldete er sich bei diesem Bau so sehr, dass es ihn in den Ruin trieb. Aus lauter Verzweiflung nahm er sich das Leben. Ob nun diese Herz-Schmerz-Legende tatsächlich einen wahren Kern birgt, sei dahingestellt. Romantisch und herzzerreißend ist sie allemal, auch ohne glückloses Ende, aber sie passt einfach zu diesem Haus.

Doch zurück zu den eher nüchternen Fakten. Das „Maurische Haus" wurde 1856/57 von J. F. Weinsprenger erbaut und folgte einem im 19. Jahrhundert durchaus beliebten Trend: Damals war es *en vogue*, nach orientalischem Stile zu bauen. Wer also *très chic* sein wollte und über genug Geld verfügte, ließ sich einen solchen zauberhaften Palast errichten. Das Haus steht unter Denkmalschutz und ist in Frankfurt ein Unikat. Glücklich kann sich schätzen, wer heute in diesem kleinen Schmuckstück wohnen darf. Und den Betrachter entführt es eine Weile in eine märchenhafte Welt.

- Maurisches Haus, Ecke Blumenstraße 2/Eschenheimer Anlage, 60318 Frankfurt am Main
- ÖPNV: U1, U2, U3, U8, Haltestelle Eschenheimer Tor

Im Wursttempel

39

Imbiss unter der Schirn

Was dem Hamburger das Fischbrötchen, dem Berliner die Currywurst und dem Münchner die Weißwurst, das sind dem Frankfurter seine Grie Soß, der Handkäs mit Musik, der Ebbelwoi und die Worscht. Natürlich nicht irgendeine Worscht, sondern die berühmten Frankfurter Würstchen. Schön knackig und saftig sind sie, und immer treten sie als Paar auf. Sie sind ein echtes Kulturgut. Die vielleicht besten – darüber streiten sich die lokalen food scouts natürlich – gibt es angeblich in der „Metzgerei Dey". Diese Traditionsmetzgerei gibt es bereits seit 1930, und man findet sie gleich an mehreren Standorten, wie in der Kleinmarkthalle oder am Kultimbiss. Hier werden die Kunden mit den Frankfurtern, der berühmten Bratworscht und frischem Bauernbrot kulinarisch verwöhnt. Also, ran an die Worscht!

TIPP

Hier gibt es so viele Schätze zu entdecken, dass man unbedingt einen Rundgang machen sollte.

Mit der Fertigstellung der neuen alten Altstadt im September 2018 erhielt Frankfurt sein Herz zurück, so die Pressestimmen. Inmitten der neuen/alten Gassen und Plätze, im neuen/alten Roten Haus konnte auch Familie Fries von der „Metzgerei Dey" ein neues Domizil beziehen. Dies war der in der vierten Generation betriebenen Metzgerei eine Herzensangelegenheit, denn schließlich hatten schon die Großeltern hier Würste verkauft. Das schmucke viergeschossige Haus mit dem verschieferten Giebel, der „Frankfurter Nase", und dem verputzten Fachwerk stammte ursprünglich aus dem 16. Jahrhundert. Hier, im Stadtkern zwischen Dom und Römer, hatten die Frankfurter Metzger übrigens seit jeher ihr Viertel. Und auch im Untergeschoss des Roten Hauses befand sich ab 1977 eine Metzgerei. Und im überdachten Durchgangsbereich unter den mächtigen Holzstützen, der sogenannten Schirn, werden seit Jahrhunderten Waren feilgeboten. Sieht man heute die dampfenden Kessel, in denen die Würstchen schwimmen und zischen, oder folgt dem Aroma des Grillguts und gesellt sich zu den vielen lachenden, feiernden und fröhlich babbelnden Frankfurtern unter der Schirn, dann wird klar, dass dies ein guter Ort ist, um Freunde fürs Leben zu finden.

- Altstadtmetzgerei Dey, Markt 15, 60311 Frankfurt am Main
- ÖPNV: U4, U5, Haltestelle Dom/Römer

DEY ALTSTADTMETZGEREI WURSTBRATEREI

Pack die Picknickdecke ein!

40 Das Ried in Enkheim

Von den ersten Sonnenstrahlen geküsst, den weichen Rasen unter den Füßen und dabei von einem leichten Wind gestreichelt: Schöner kann der Frühling jetzt nur noch werden, wenn wir auch noch einen Picknickkorb dabeihaben. Ist nicht so ein Picknick im Grünen die beste kleine Auszeit vom Alltag, die man sich gönnen kann? Picknicken gehört für mich mit zu den schönsten Kindheitserinnerungen – Urlaub an der Ostsee, Fahrräder, die flauschige Decke, ein mit allerlei Leckerem prall gefüllter Korb, Muttis selbst gemachte Zitronenlimonade …

Ein ganz besonders schöner Ort, ein Glücksort, an dem man das Picknicken wunderbar zelebrieren kann, ist das Ried in Enkheim, genauer: ein kleiner Aussichtshügel mit Blick auf den Riedweiher, von dem aus man, wenn man Glück hat, Haubentaucher und Graureiher beobachten kann. Der ursprüngliche Altmainarm steht wie das gesamte Riedgebiet unter Naturschutz. Im 3. Jahrhundert n. Chr. wurde der Flusslauf allmählich ausgetrocknet und bildete sich zu einem Moor mit bis zu 7 Meter tiefen Torfschichten. Bis ins 19. Jahrhundert wurde hier Torf gestochen. Seit den 60er-Jahren jedoch begann man aus Naturschutzgründen mit der Ausbaggerung des Gebietes und schuf so ein kleines grünes Idyll mit einem Gewässer und einer einmaligen und seltenen Vegetation. Heute fühlen sich hier besonders schützenswerte Orchideen und Sumpf-Seggen heimisch. Von den Tieren sind besonders die Spieß-, die Krick- und die Löffelente und die Europäische Sumpfschildkröte zu nennen, die hier ihren Lebensraum gefunden haben.

Vom Großstadtrummel ist an diesem Ort nichts mehr zu spüren, lediglich der Fußballtrainingsplatz in der Nähe mit seinen pfeifenden und grölenden Jugendlichen kann einen aus der verträumten Stimmung herausholen und einen daran erinnern, dass dieses mit allerlei Leckerem ganz in der Nähe der Stadt liegt. Und sollte sich das Wetter unterwegs tatsächlich ändern, nehmen wir einfach ein Schlückchen von unserer Limonade, geben uns den Tagträumen hin und besuchen diesen stillen Ort an einem schöneren Tag.

- Enkheimer Ried, 60388 Frankfurt am Main
- ÖPNV: Bus 42, Haltestelle Riedbad (ca. 10 Minuten Fußweg)

Der Baum im Haus

41 Das StadtWaldHaus

Als auch wir vom „geheimen Leben der Bäume“ hörten, machte uns das neugierig: Die Kinder stellten sich etwas schrecklich Spannendes darunter vor, also wollten wir unbedingt mehr darüber erfahren. Zum Glück mussten wir nicht einmal den langen Weg in die Eifel auf uns nehmen, denn vor den Toren Frankfurts, im Grüngürtel, versteckt sich im Stadtwald das Informationszentrum „StadtWaldHaus“ mit angegliederter Fasanerie. Ein wahrer Glücksgriff – bis dahin hatten wir noch nicht einmal gewusst, dass sich Frankfurt eine Fasanerie leistet. Und zu unserem Erstaunen hörten wir, dass die besonders geschätzte Spezies der Frankfurter Banker oft hierherkommt und sich wundert, dass es hier so viel Natur und so viele Bäume gibt!
Das Haus mit seinen begrünten Dächern schmiegt sich in die Umgebung, sieht aus wie ein natürlicher Hügel. Im Inneren ragt eine Eiche bis an die Decke, entworfen von Ot Hofmann, dem Darmstädter Guru der grünen, ökologischen Architektur. Man betritt die ständige Ausstellung durch eine Baumtür – „coole Idee“, finden die Kinder. Dann geht's richtig los. Auf zwei Ebenen lernt man alles über den Wald, in all seiner Vielfalt: Bäume, Holz, Pilze, Ökosysteme und Nachhaltigkeit, kleine und große Waldtiere, Teichbevölkerungen – die Nachttiere und ein riesiger ausgestopfter Keiler haben es den Kindern besonders angetan. Im „Erlebnisraum“ können sie ihren natürlichen Forscherdrang stillen.
Außen führen zahlreiche Wege um das Zentrum herum und zu den Tiergehegen und Volieren. Auf Erlebnispfaden lernen wir viel Interessantes über das Zusammenwirken von Mensch, Tier, Baum und Wald. Das „StadtWaldHaus“ und die Fasanerie sind für alle Wissbegierige eine wahre Fundgrube. Und mehr noch: Es ist eine von vielen Lernstationen im Frankfurter Grüngürtel, in dem sich Kinder im Rahmen von Veranstaltungen auf die spannende Jagd nach dem legendären „Grüngürteltier“ machen können, das verschiedentlich in Frankfurt anzutreffen ist; als Belohnung gibt's den Grüngürteltiersammelpass.

- Informationszentrum StadtWaldHaus/Fasanerie, Isenburger Schneise, 60528 Frankfurt am Main, www.stadtwaldhaus-frankfurt.de
- ÖPNV: Tram 17, Haltestelle Oberschweinstiege

Such die Jakobsmuschel!

42 Pilgern durch Frankfurt

Spätestens seit Hape Kerkelings Besteller *Ich bin dann mal weg* ist der Hype ums Pilgern ausgebrochen. Es gibt wohl keine bessere Möglichkeit, aus dem täglichen Hamsterrad auszubrechen und sich freizumachen von allem Ballast. Auch durch Frankfurt verläuft der Camino de Santiago, der berühmte Jakobsweg. Schließlich war Frankfurt schon im Mittelalter eins der wichtigsten Handelszentren und, nicht zu vergessen, Krönungsstadt.

Bevor man sich auf den Weg macht, gilt es, am Frankfurter Dom den Pilgerpass abstempeln zu lassen, schließlich braucht man einen Beweis für die faulen Daheimgebliebenen. Ausgestattet mit festem Schuhwerk, allwettertauglicher Kleidung, einem Rucksack, dem Wanderstock und vor allem einer großen Portion Optimismus geht es am zugemauerten Pilgerportal der Leonhardskirche los. Der erste Schritt ist immer der schwerste. Ein letzter Gruß an die stumme Pilgergruppe, auf geht's in Richtung Mainufer. Der entschlossene Pilger hat nun die Wahl zwischen zwei Pfaden in Form zweier Brücken, um nach *Dribbdebach* (auf die andere Mainseite) zu gelangen. Von dort geht es dann durch das pulsierende Leben hindurch und mit dem Blick auf die Skyline nach Niederrad. Ein letzter Blick zurück, nicht im Zorn, im Gegenteil – neue Wege einschlagen, Schritt für Schritt, den ruhig dahingleitenden Main als ständigen Begleiter, dazwischen grüne Uferstreifen, betagte Bäume, ein Grillplatz, Kleingärtenkolonien, nur ich und die Natur. Ob ich es schaffe?

Bis nach Schwanheim, dem Etappenziel, passiert man drei Kirchen, die sich als besonders offene, moderne Gotteshäuser verstehen und sich ebenfalls dem Jakobsweg angeschlossen haben. Schritt für Schritt, mit der Konzentration auf das Wesentliche, auf den nächsten Schritt und auf das arme gequälte Ich geht's zum Bibelgarten von St. Mauritius in Schwanheim. Dort setze ich mich auf eine Bank, betrachte die biblischen Pflanzen, nehme die Gerüche wahr, atme durch und komme auch innerlich an. Eine Etappe habe ich geschafft. Wie glücklich das macht!

- Ausgangspunkt St. Leonhardskirche, Am Leonhardstor 25, 60311 Frankfurt am Main
- ÖPNV: Tram 11, 12, Haltestelle Römer/Paulskirche

Fünf-Sterne-Kaffee

43 Kaffeerösterei Wissmüller-Stern

Die schönsten Überraschungen findet man ja bekanntlich in den Hinterhöfen. So auch im Falle der Leipziger Straße 39. Unter dieser Adresse residiert die Kaffeerösterei Wissmüller-Stern. Schwer zu finden ist die Kaffeemanufaktur jedoch nicht, schließlich wird man schon von Weitem fast magisch von dem unwiderstehlichen Duft frisch gerösteten Kaffees angezogen. Vor über 60 Jahren von den Eheleuten Wissmüller gegründet, wird die Kaffeerösterei auch heute noch ganz traditionell und als kleiner Familienbetrieb geführt. Den Charme des Traditionellen erahnt man bereits im Hof, wo ein verschnörkelter Namensschriftzug die Fassade ziert. Auch im Inneren dieses Kleinods sieht alles noch aus wie zu Omas Zeiten: Das nostalgische Mobiliar schafft eine ganz besondere Atmosphäre, die es in dieser Form in Frankfurt vermutlich kein zweites Mal gibt. Schönes und längst Vergessenes ziert auch die Regale – unwillkürlich stellt sich ein Tante-Emma-Laden-Gefühl ein, wenn man die braun-güldenen Kaffeeschütten erblickt, in denen die kostbaren Bohnen gelagert werden, die noch ganz traditionell auf einer nostalgischen Bizerba-Waage abgewogen werden – wo gibt's das denn noch? Verpackt wird das verführerisch duftende Gold in den obligatorischen goldenen Tütchen mit dem braunen Stern.

Größten Wert legt man seit jeher auf die Herkunft und die Qualität des Rohkaffees; damit das intensive und wertvolle Aroma nicht verloren geht, verwendet man ein schonendes und langsames Röstverfahren. Eine uralte Probat-Röstmaschine, liebevoll „Perle" genannt, versteht ihr Handwerk, und das Übrige erledigt der erfahrene Röstmeister. „Klasse statt Masse" lautet die Devise, und das schmeckt man auch. Vielleicht ist das genau der Grund, weshalb sich trotz der Konkurrenz der Kaffeeriesen eine so kleine lokale Rösterei überhaupt noch behaupten kann. Doch wo, wenn nicht hier, kann man Sätze hören wie: „Schon als kleines Mädel bin ich in den Siebzigern mit meiner Mutter zum Kaffeeholen hierhergekommen."

TIPP

Einfach mal die Straße rauf- und runterlaufen und die Augen offen halten – hier gibt es viele kleine Läden, die Leipziger Straße ist quasi ein Stadtteil für sich.

● Kaffeerösterei Wissmüller-Stern, Leipziger Straße 39, 60487 Frankfurt am Main
● ÖPNV: U4, U6, U7, Haltestelle Bockenheimer Warte

FRENCH PRESS
0,35 l 34,90 €
1,00 l 43,90 €
BUNT
0,35 l 14,90 €
1,00 l 24,90 €
KAFFEE
ZUCKER
Stark wie sein Kaffee

Art-Hopping

44 Museumsufer am Schaumainkai

Was für ein wunderbares Konzept: Wie Perlen an einer Schnur reihen sich die neun Museen am Schaumainkai aneinander. Sie sind wahre Schmuckstücke und ein richtiger Glücksgriff für Frankfurt. Zu verdanken ist dies vor allem dem früheren Kulturdezernenten Hilmar Hoffmann, der 1980 ein Museums-Ensemble schaffen wollte, das ein klares Gegengewicht zur gegenüberliegenden Skyline- und Bankenseite bildete. Die herrschaftlichen Patriziervillen am Sachsenhausener Mainufer boten eine würdige Behausung für die einmaligen Kunstschätze. Man beginnt das Museum-Hopping am besten beim Haus Giersch, das sich hauptsächlich der regionalen Kunst des 19. und 20. Jahrhunderts widmet. Es folgt ein Schmuckstück für Skulptur und Plastik, das Liebieghaus. In einem verträumten Park mit kleinem Schlösschen kann man hier Mumien, antike Meisterwerke, Skulpturen und Plastiken betrachten, abtauchen und die Zeit vergessen. Das Städel birgt eine der wichtigsten europäischen Sammlungen und braucht den Vergleich mit internationalen Museen nicht zu scheuen. Hier wird die Creme de la Creme der Kunst ausgestellt, Kunstwerke, die den Betrachter einfangen und nicht so schnell wieder loslassen. Ein absoluter Glücksort! Weiter geht es mit dem unbedingt sehenswerten DAM, dem Deutschen Architekturmuseum, das 24 Großmodelle zeigt, „von der Urhütte zum Wolkenkratzer". Mit einer großen Portion Neugier gewappnet, betritt man das Museum für Kommunikation und befindet sich auf einer Zeitreise der Kommunikation, mit dem Kurbeltelefon in der Hand. Dem Zauber des Films nachspüren und durch Guckkästen schauen, dies bietet das Filmmuseum. Das Weltkulturen Museum wartet mit exotischen Exponaten, die von einer faszinierenden, fernen Welt erzählen. Für Ästhetiker ist das Museum für angewandte Kunst mit seinen Designobjekten ein absolutes Muss. Fundstücke aus biblischer Zeit und mehr findet man im Bibelhaus Erlebnismuseum. Und wer immer noch nicht genug hat – für den hält die gegenüberliegende Mainseite weitere Highlights bereit.

- Museumsufer, Schaumainkai, 60594 Frankfurt am Main
- ÖPNV: Tram 15, 16, 19, Haltestelle Otto-Hahn-Platz

TRETEN
SIE EIN!

Viktualienmarkt uff Hessisch

45

Kleinmarkthalle

Der Duft von frisch gebackenem Käsekuchen und anderen Köstlichkeiten weht einem sofort in die Nase; Erinnerungen aus glücklichen Kindertagen werden wach. Zum Teufel mit der Diät! Von weiter rechts ein Hauch frischer Minze und einer Vielfalt an Kräutern, die sanft ihr intensives Aroma verbreiten; Obst und Gemüse, frisch, farbenfroh und knackig – welch ein Fest für die Sinne! Einatmen, wirken lassen, genießen und sich dann einfach treiben lassen …

Ob Frankfurter oder Tourist, Gourmet oder Gourmand: Bei den übervoll mit regionalen, exotischen und exquisiten Produkten bestückten Auslagen der „Kleinmarkthalle" kommt ganz bestimmt jeder auf seine Kosten. Über 60 Händler präsentieren ihre frischen Waren aus aller Herren Länder. Süßigkeiten und Gewürze aus 1001 Nacht, so weit das Auge reicht. Handgemachte Nudeln alla Mama, frisch gerührtes Pesto, Antipasti in allen erdenklichen Variationen warten hier auf die Pasta-Freunde und alle Liebhaber der mediterranen Küche. Manche Stände sind einfach ein Muss. Hier kann man morgens den ersten Wachmacher an der riesigen Espressotheke genießen oder mittags leckere spanische Tapas verkosten, um wieder Energie zu tanken. Wer ein wenig mehr Lokalkolorit oder einfach nur ein bisschen Heimat sucht, etwa die bekannte Grie Soß oder eine richtig gute Frankfurter Worscht probieren möchte, wird hier ebenso fündig. Eine ganz eigene Institution ist die „Marktstubb" im ersten Stock, die sich auch liebevoll als „Dorfgasthaus mitten in der Stadt" bezeichnet. Essen wie bei Muttern und dazu noch eine gehörige Portion Frankfurter Frohsinn, was will man mehr?

Was Ende des 19. Jahrhunderts als kleine Markthalle eröffnet wurde, ist seit vielen Jahrzehnten ein wahrer Publikumsmagnet, für Einheimische und Touristen gleichermaßen. Der perfekte Ort, um sich inspirieren zu lassen, Neues zu probieren und seine Sinne zu verwöhnen. Genuss und vor allem Geselligkeit werden hier bereits am frühen Morgen großgeschrieben. Also nichts wie hin, einen Ebbelwoi schnappen und ab auf die Terrasse!

- Kleinmarkthalle Frankfurt, Hasengasse 5–7, 60311 Frankfurt am Main
- ÖPNV: Tram 11, 12, 14, Haltestelle Römer/Paulskirche

Der Zeit zum Trotz

46 Eschenheimer Turm mit Bar

Immer wenn ich mich an diesem hektischen Verkehrsknotenpunkt befinde und den einsamen weißen Turm erblicke, überfällt mich ein leichtes Gefühl von Traurigkeit – David gegen Goliath, um es mit einer Metapher auszudrücken. Seit Jahrhunderten behauptet sich dieser Turm aus dem 15. Jahrhundert als Winzling gegen die urbanen Riesen, die modernen Glas- und Stahlkolosse seiner Umgebung, und das macht ihn als steinernen Zeitzeugen zu einem besonderen schützenwerten Glücksort.

Der Eschenheimer Turm ist Frankfurter Historie, ein Wahrzeichen, das Geschichte(n) erzählt und deshalb unbedingt erhaltenswert ist. Große Teile seiner Bausubstanz stammen noch aus dem 15. Jahrhundert. Damals diente er als Stadttor der mittelalterlichen Stadtbefestigung. Und auch wenn ihm schon viele zu Leibe rückten, ihn niederreißen wollten oder ihn unzugänglich machten, trotzte er nicht nur den Angriffen, sondern auch dem Bauboom und allen Modernisierungsmaßnahmen.

Wie so oft in Frankfurt, sorgten Bürgerinitiativen dafür, dass er auch heute noch standhaft inmitten des Trubels und des Treibens der City steht. Mit den ersten Sonnenstrahlen werden auch hier die großen Sonnenschirme aufgespannt. Im Erdgeschoss befindet sich nämlich seit 1992 ein Restaurant mit Bar. In locker-lässiger Atmosphäre trifft man sich: Hier wird gelebt, gegessen und getrunken. Da stört es kaum, dass man dabei an der verkehrsreichsten Stelle Frankfurts seinen Cocktail einnimmt oder Leckeres vom Lavastein genießt. Besonders im Winter schätze ich das Kaminzimmer im zweiten Obergeschoss des 47 Meter hohen Turms, die ehemalige Behausung des Turmwächters. Von 2,50 Meter dicken Mauern geschützt, kann man bei knisterndem Feuer einen wunderbar romantischen Abend verbringen und den Abschluss eines guten Essens mit einem rauchigen Whisky zelebrieren. Beim Verlassen werfe ich dem magisch von Licht angestrahlten Riesen einen letzten Blick zu und freue mich, dass er so oft seinem vermeintlichen Schicksal entgehen konnte.

TIPP

Direkt nebenan: „Good Times for good People aka Bar ohne Namen" – aber mit einem ausgezeichneten Ruf.

- Eschenheimer Turm, Eschenheimer Tor 1, 60318 Frankfurt am Main
  www.eschenheimer.de
- ÖPNV: U1, U2, U3, U8, Haltestelle Eschenheimer Tor

Arche Noah für Äpfel

47

Das MainÄppelHaus

Das hier ist ein ganz einzigartiger Glücksort, einer, der gleich ein ganzes Potpourri an Glückserfahrungen ermöglicht. Nirgendwo sonst in Frankfurt engagiert man sich so nachhaltig für die Kulturlandschaft Streuobstwiese. Heimische und andernorts längst vergessene Obstsorten sollen hier die Möglichkeit bekommen, wieder unsere Obstkörbe zu füllen. Ganz nebenbei wird durch die Bewirtschaftungsmethode der Lebensraum für eine Artenvielfalt geschaffen, wie sie sonst kaum noch vorzufinden ist. Äpfel dürfen hier noch ganz nach Lust und Laune an hochstämmigen Bäumen wachsen und in der Landschaft verstreut ihren Duft verströmen. Dass man weitgehend auf Dünger und Pestizide verzichtet, danken einem die Früchte mit ihrem vollen Geschmack.

Unwillkürlich werden Erinnerungen an die Kindheit wach, als die Äpfel im Garten der Großeltern etwas ganz Besonderes waren. Schönheit steht hier nicht an oberster Stelle, glatt, glänzend poliert und formvollendet wie in der Supermarktauslage müssen diese Äpfel nicht sein. Kleine Macken machen ein einmaliger Duft und ein noch intensiveres Aroma wett. Ein sommerlicher Spaziergang durch den Naturerlebnisgarten ist immer ein Erlebnis für alle Sinne. Obendrein bietet das „MainÄppelHaus" das ganze Jahr über eine Vielzahl an Veranstaltungen für Jung und Alt an. Ob Kräuter sammeln, Keltern oder Fledermäuse beobachten – hier lernt man allemal mehr als im Biologieunterricht in der Schule. Natur zum Anfassen und Erleben lautet die Devise. Damit es mit dem grünen Daumen doch noch etwas wird, gibt es für Erwachsene vielerlei Nützliches zum Thema heimischer Garten, zum Beispiel: Wie beschneide ich meine Obstbäume richtig, damit sie möglichst große Erträge bringen? Vielleicht kommt in einem aber auch der plötzliche Wunsch auf, eine Patenschaft für einen Apfelbaum zu übernehmen. Nachdem einem so viel Gutes widerfährt, kann man zu guter Letzt auf der Baabambelbank Beine und Seele baumeln lassen und sein Glück genießen.

● MainÄppelHaus, Klingenweg 90, 60389 Frankfurt am Main
www.mainaeppelhauslohrberg.de

● ÖPNV: Bus 30, Haltestelle Lohrberg/Heiligenstock; dem Berger Weg ca. 750 Meter bis zum Lohrberg-Parkplatz folgen, dann dem Friedrich-Heyer-Weg, anschließend links halten und ca. 250 Meter oberhalb der Weinberge entlang

NUR

Die Côte d'Azur am Main

48 Nizza-Ufer

Urlaub am Meer, dazu Sonne satt, wohlige Wärme und kulinarische Köstlichkeiten, blühende Blütenmeere, knorrige Olivenbäume, schattenspendende Palmen und über allem der betörende Duft von reifen Zitronen und Feigen: Die Sehnsucht nach dem letzten Sommerurlaub am Mittelmeer steigt hier ins Unermessliche. Auch wenn man statt des Meeres mit dem ruhig dahinfließenden Fluss vorliebnehmen muss, hat das Mainufer in den Sommermonaten doch eine gehörige Portion Urlaubsflair zu bieten. Ein wahrer Glücksort eben!

Doch eigentlich kann man das ganze Jahr die Uferpromenade zwischen Friedens- und Untermainbrücke zum Flanieren, Skaten oder einfach zum Entspannen nutzen. Sitzbänke unter den knorrigen Platanen laden jederzeit zum Verweilen ein. Und zu schauen gibt es hier auch immer etwas. Geschichten, wie das Leben sie halt so schreibt. Menschen, die es sich auf den Wiesen bequem machen, die „Laufjunkies", die bei der untergehenden Sonne schon ihre dritte Runde drehen. Man kann aber auch einfach den Blick in die Ferne schweifen lassen. Das gegenüberliegende Ufer hält, auch nach Sonnenuntergang, bezaubernde Anblicke bereit. Oder man erfreut sich einfach an der mediterranen Flora und Fauna des „Nizzas am Main". Bananenbäume, Erdbeerbäume, Pinien, Feigenbäume, Schlafbäume – die Liste mediterraner Bepflanzung ist lang. Dass sich in dieser Oase ein solch mediterranes Klima entfalten konnte, liegt an der besonderen Lage dieser ehemaligen kleinen Maininsel: Südlage, der Windschatten der Kaimauer und gespiegeltes Sonnenlicht, das den exotischen Bäumen und Pflanzen blühen und gedeihen hilft. Zudem ist die eine oder andere Pflanze mittlerweile winterhart. Und um mit noch einem Superlativ aufzuwarten: Das 4,42 Hektar große Areal ist der größte mediterrane Garten nördlich der Alpen. All die Jogger und Halbmarathonläufer bekommen von der friedlichen Schönheit dieses Ortes allerdings wenig mit. Ihnen sei geraten: weniger Adrenalin, mehr Endorphine!

- Nizza-Ufer, Untermainkai, 60329 Frankfurt am Main
- ÖPNV: diverse Linien, Haltestelle Willy-Brandt-Platz

49 Die Gerbermühle

Die Gerbermühle ist seit etlichen Jahrzehnten eine Frankfurter Institution. Den Namen verlieh ihr der Volksmund nach einem Gerber, der irgendwann in der wechselhaften Geschichte des Anwesens auch einer der Pächter war. Später wurde aus ihr ein beliebtes Ausflugslokal am linken Mainufer, gegenüber des Frankfurter Osthafens. Im Sommer ist die Einkehr hier ein absolutes Muss!
Das Ensemble schmiegt sich an einen kleinen Park mit altehrwürdigen Bäumen. Schon von Weitem empfängt den Gast der aromatische Duft von allerlei Gegrilltem. Vom großen Biergarten mit den schattenspendenden Kastanien öffnet sich der Blick auf den träge dahinfließenden Main und den faszinierenden Neubau der Europäischen Zentralbank auf dem gegenüberliegenden Ufer. Die alte Mühle existiert nicht mehr: das ursprüngliche Haupthaus wurde mit modernen Anbauten erweitert; architektonisch gewagt, stylischer und exklusiver. Es beherbergt heute, ganz dem Zeitgeist entsprechend, ein Design-Hotel mit gehobener Küche und wird gerne als Event-Location für besondere Anlässe genutzt. Aber das Experiment ist gelungen und bietet eine vielversprechende Mischung aus Alt und Neu.
Goethe war 1815 auf Einladung des Bankiers Willemer zu Gast, und was hatte der Dichter für ein Glück! Bereits im Herbst seines Lebens (er war 65), verliebte sich der alte Schwerenöter in die 30 Jahre jüngere Marianne Willemer, die kurz zuvor den Bankier geehelicht hatte. Seine Gefühle wurden erwidert, sie hatten eine ebenso kurze wie produktive Affäre: Beide schrieben in dieser aufgewühlten Zeit wunderbare Liebesgedichte, so einfach und leicht, dass man sich fragt: „Das kann die deutsche Sprache?" Und wer weiß, vielleicht war es ja der Zauber dieses Orts, der den großen Dichter und seine Muse dazu inspirierte, sich zu solchen emotionalen und sprachlichen Höhen aufzuschwingen.
Für uns ist es auch immer wieder eine Wohltat, in dieser Oase des Friedens zu sitzen, in Gesellschaft oder allein, mit einer Ausgabe des *West-östlichen Divans* in der Hand.

- Gerbermühle, Gerbermühlstraße 105, 60594 Frankfurt am Main
- ÖPNV: Tram 15, 16, Haltestelle Buchrainstraße oder Bleiweißstraße

Kiez für Hipster

50 Das Bahnhofsviertel

Was noch vor 15 Jahren eine No-go-Area war, ist heute eins der angesagtesten Hipster-Viertel in Frankfurt. Die New York Times platzierte das Gebiet in der Rubrik „50 places to go" sogar auf Rang 12 – ein wahrer Glücksfall für Frankfurt. Hier herrscht noch echte Kiez-Atmosphäre, wie in Hamburg auf St. Pauli: Über allem liegt ein Hauch des Verbotenen, Verruchten, aber zugleich eine kreative Aura, und genau das macht den besonderen Reiz aus. Führungen durch das Rotlichtmilieu, die einen (leicht voyeuristischen) Blick hinter die Kulissen erlauben, erfreuen sich größter Beliebtheit.

Zu Beginn des 20. Jahrhunderts galt das Bahnhofsviertel noch als Vorzeigeareal, reiche Bürger fanden in den Gründerzeitbauten ihr Domizil, nach Pariser Vorbild wurden Prachtboulevards mit exquisiten Einkaufsmöglichkeiten und Restaurants angelegt. Der Bahnhof, seinerzeit ebenfalls Vorzeigeobjekt, ist auch heute noch als Frankfurts Tor zur Welt der Dreh- und Angelpunkt. Das ständige Kommen und Gehen begünstigt neue Ideen. In den 80er- und 90er-Jahren wurde das Viertel dann zur No-go-Area degradiert, als Zufluchtsort für Obdachlose, Drogenabhängige und Zuhälter, den es tunlichst zu meiden galt. Zum Glück hat sich in den letzten Jahren ein sichtbarer Wandel in dem kleinen Frankfurter Viertel vollzogen. Heute herrscht hier ein bunter, multikultureller Milieumix vor, internationaler geht es nirgendwo in Frankfurt zu. Ausländische Restaurant und Geschäfte, wohin man schaut, schicke Bars, Szeneclubs und Ateliers an jeder Ecke. Ein Hotspot, der Sogwirkung hat, hier pulsiert das Leben und das 24 Stunden lang. Laut, lebendig und voller Kontraste. Unser Lieblingsort ist das Szenerestaurant „Maxie Eisen", in dem es das beste Pastrami-Sandwich der Welt gibt. Gut, vielleicht das zweitbeste, nach dem bei „Katz's Delicatessen" in New York. Und während wir genüsslich ins Brot beißen, erinnern wir uns nur zu gerne an Meg Ryans vorgetäuschten Orgasmus in *Harry und Sally.*

- Bahnhofsviertel, 60329 Frankfurt am Main
- ÖPNV: diverse Linien, Haltestelle Hauptbahnhof

www.hohe-gerueste.de

Königin der Blumen

51

Rosen- und Lichterfest im Palmengarten

Eine paradiesische Landschaft aus blühenden Rosenteppichen, die sich in verschiedensten Farbverläufen präsentieren – da wird nicht nur dem Blumenliebhaber warm ums Herz. Seit 1931 wird der Palmengarten ein einziges Mal im Jahr für ein Wochenende zur Bühne für die Königin der Blumen. In der beliebtesten und aufwendigsten Blumenschau Frankfurts werden Tausende Schnittrosen, Topfrosen, Kletter- und Hochstammrosen in wunderschöne Arrangements, Gestecke oder ganze Blumeninseln verwandelt, die unzählige Besucher verzaubern. Zusätzlich gibt es ein breitgefächertes Programm rund um die Rose, mit Vorträgen, Führungen, Livemusik und vielem mehr. Wer ein Mitbringsel für zu Hause braucht, wird bei vielen der ausgefallenen Produkte wie Rosensenf & Co. fündig. In den Abendstunden verwandeln Illuminationen manche Rosenbeete in kleine Kunstwerke. Ein besonderes Highlight ist zweifelsohne das Lichterfest, bei dem es sich die Besucher auf Decken und mit Getränken ausgestattet gut gehen lassen und auf das spektakuläre Feuerwerk warten. Alleine die überall auf den Rasenflächen verteilten, aus Tausenden Teelichtern arrangierten Figuren sind schon einen Besuch wert.

Aber auch den Rest des Jahres über ist dies ein Glücksort par excellence. Der 1871 eröffnete und nach englischen und französischen Vorbildern angelegte Palmengarten ist einer der größten seiner Art in Deutschland. Wer nicht gut zu Fuß ist, kann den Garten auch auf dem Palmen-Express erfahren, einer kleinen Schmalspurbahn. Vorbei an Heidelandschaften und einem Steingarten geht es dann zum Bootsweiher – ein besonderer Höhepunkt. Im Wasser spiegeln sich Hochhäuser, die Nähe zur geschäftigen Stadt wird einem bewusst, und man freut sich, an diesem Ort der Ruhe zu sein, in einem kleinen Boot auf diesem stillen Weiher. Kaum irgendwo in Frankfurt kann man schöner in trauter, romantischer Zweisamkeit Bötchen fahren oder im Spätsommer durch einen breit angelegten Landschaftsgarten flanieren.

TIPP

Das „Café Siesmayer“ im Garten; hier lässt sich wunderbar bei einer Tasse Kaffee und leckeren Torten der Nachmittag beenden.

- Palmengarten Frankfurt, Siesmayerstraße 63, 60323 Frankfurt am Main
- ÖPNV: U4, U6, U7 oder Tram 16, Haltestelle Bockenheimer Warte; Bus 36, Haltestelle Palmengarten

Schleck dich glücklich!

52 Bizziice

Das schöne und erholsame Wochenende war mal wieder viel zu schnell vorbei. Der Montagsblues droht mich zu überrollen. Da sehe ich einen Fernsehbericht, der vermeldet, dass es einen „Iss-Eis-zum-Frühstück-Tag“ gibt, und es kommt noch besser: Eis zum Frühstück macht klug! Wenn das mal keine Glücksbotschaft ist. Japanische Wissenschaftler haben herausgefunden, dass der Genuss von Eis zum Frühstück die Reaktionsfähigkeit, die Informationsverarbeitung und die Konzentration verbessert. Was braucht man mehr für einen guten Start in den Tag?

Die richtige Adresse ist da zweifelsohne „Bizziice“, das die Frankfurter gleich an zwei Standorten mit kreativen Eissorten verwöhnt. Während man im noblen Nordend auf einer großen Terrasse entspannen und genießen kann, geht es in Dribbdebach, im schönen und quirligen Sachsenhausen, in einem winzigen Eiscafé mit modernem Interieur gemütlicher zu. Hier ist der Eissalon zu einem regelrechten Kiez-Treffpunkt avanciert und hat jede Menge Leben in den Bezirk gezaubert – ein Glücksfall halt! Wie man den Laden findet? Einfach der langen Menschen-Schlange folgen, dann kommt man schon ans Ziel.

Das Erfolgsrezept von „Bizziice“ ist so einfach wie genial: Ob Cremeeis, Joghurteis oder Eissorbet, alles wird ganz traditionell und mit besten Biozutaten und ohne Zusatzstoffe hergestellt. Auch Veganer kommen nicht zu kurz. Was aber vor allem zählt, ist der Geschmack, und der ist hier zum Dahinschmelzen. Das haben auch die Fachleute gemerkt, denn seit 2011 wird „Bizziice“ regelmäßig mit dem „Food-Oscar“ ausgezeichnet: dem „Great Taste Award“, und das als einziges Eis in ganz Deutschland! Neben den traditionellen Sorten wie Vanille, Schokolade, Haselnuss & Co. stehen die etwas kreativeren Geschmacksrichtungen wie Green Smoothie, Mandel-Kardamom oder Ananas-Koriander bei uns ganz oben auf der Liste. Davon dürfen es dann auch gerne mal ein paar Kugeln mehr sein. Denn hier schlecket man sich glücklich – und vielleicht sogar klug!

- Bizziice Eisdiele Organic Gelato, Koselstraße 42, 60318 Frankfurt am Main
- ÖPNV: U5, Haltestelle Musterschule; Tram 12, 18, Haltestelle Friedberger Platz

100%
Recycled
100%
Recycled

Einfach mal Zeit vertrödeln

53 Flohmarkt am Schaumainkai

Samstagmorgens um 9 Uhr am Schaumainkai. Rechts und links der über 2 Kilometer langen Strecke haben die Händler ihre kleinen und großen Schätze bereits aufgebaut – Nützliches, Skurriles, manchmal auch Rares warten auf glückliche Abnehmer. Von Antiquitäten und Porzellan über Schuhe, Kleidung, Schallplatten, technische Geräte bis hin zu Büchern und Spielzeug, hier gibt es so ziemlich alles, was das Herz eines Schnäppchenjägers und Sammlers begehrt.

Auch wenn man mit dem festen Vorsatz losgezogen ist, nur mal ein bisschen zu schlendern, zu stöbern und ein wenig Zeit zu vertrödeln, kann man sich kaum dem Reiz dieses Flohmarkts entziehen. Es ist der Reiz des Unbekannten, denn man weiß ja nie, was einen auf den vollgestellten Tapeziertischen erwartet und mit welchem Schnäppchen man nach Hause gehen kann. Faszination Flohmarkt halt! Feilschen, was das Zeug hält, und wenn man dann auch noch für ein paar Euro den heiß ersehnten Flohmarktfund ergattert hat, dann werden einfach ungeahnte Glücksgefühle freigesetzt. Aber auch in Zeiten von Konsumwahnsinn einerseits und Nachhaltigkeit andererseits sollte man sich vielleicht mal so seine Gedanken machen. Die meisten Gegenstände haben nach kurzer Zeit bereits ausgedient, und die Familienerbstücke fristen zumeist ein trauriges Dasein auf dem Dachboden. Wer weiß denn noch die alte Schallplatte oder Tantchens Käthe-Kruse-Puppe zu schätzen? Vergangenheit und manchmal auch ein großes Stück persönliche Geschichte hängen an diesen betagten Schätzen, die man dann mitunter auch von den Verkäufern gratis erzählt bekommt. Verkauft wird nicht nur Ware, sondern auch ein großes Stück emotionale Erinnerung.

Nicht zuletzt ist dieser Frankfurter Flohmarkt aber auch aufgrund seiner besonderen Atmosphäre ein kleiner Glücksort. Flankiert von herrschaftlichen Museumsgebäuden und der Uferpromenade mit ihren Schatten spendenden Bäumen, die besonders an den heißen Sommertagen von allen geschätzt werden, wird der Trödelmarkt zu einer spannenden Suche nach dem Lieblingsstück.

- Flohmarkt Schaumainkai, 60594 Frankfurt
- ÖPNV: U1, U2, U3, U8, Haltestelle Schweizer Platz

Zurück in die Zukunft

54

Frankfurts neue Altstadt

Dieser „Widerspruch in sich“ liegt zwischen Dom und Römer und ist kaum größer als ein Fußballfeld. Wagt man sich jedoch in die Tiefe des Raumes, entpuppt er sich als wahrer Glückstreffer. Pläne zur Neugestaltung waren seit Jahrzehnten kontrovers diskutiert worden, oft totgesagt, ebenso oft wiederbelebt. Doch schließlich wurde das Vorhaben doch noch realisiert – zum Glück, muss man sagen.
Hier taucht man ein, lässt sich von Eindrücken verführen, schaut und staunt. Dieser Ort gleicht einem Abenteuerland, hier ist der Weg das Ziel. Nach alten Plänen und Zeichnungen wurde mit großer Handwerkskunst und feinem Gespür akribisch gewerkelt, fünfzehn Häuser wurden originalgetreu rekonstruiert, zwanzig Neubauten wurden ihnen zur Seite gestellt. Die wuselige Geschäftigkeit enger mittelalterlicher Gassen wird lebendig, kleine verwinkelte Innenhöfe erlauben verstohlene Einblicke in privates Leben, hinter der nächsten Ecke führt uns eine Passage zurück zum bunten Treiben, unvermittelt öffnen sich neue Perspektiven, an deren Ende neue Abenteuer warten. Aufwendiges Schnitzwerk an den Fassaden erzählt uralte Geschichten: Der Sündenfall oder die Opferung Isaaks künden von den ehemaligen Besitzern und deren Tätigkeiten. Farben und Architektur führen den Blick und zeigen den Weg, eine neue Pergola symbolisiert den alten Krönungsweg von Kaisern und Königen und erinnert uns unaufdringlich, aber deutlich an die (einstige) Trennung von Herrschaft und Volk. Ebenerdig liegen die Läden der Händler, Handwerker und Gewerbetreibenden. Der rote Sandstein der Fassaden kam aus Miltenberg; Pflastersteine aus Vietnam zieren die Gassen, die barrierefrei und mit Leitsystem verlegt wurden (wie es sich heute gehört). Das ehemals befruchtende Gemisch vieler unterschiedlicher Nationalitäten, Kulturen und Sprachen ist wieder zurückgekehrt, in Form eines nicht enden wollenden Stroms neugieriger Reisender aus aller Welt, die diesen einmaligen Ort bestaunen. Ein abenteuerliches und zukunftweisendes Unterfangen, ein Erlebnis und ein großer Glücksgriff!

● Neue Altstadt, zwischen Römerberg und Domplatz, 60311 Frankfurt am Main
● ÖPNV: U4, U5, Haltestelle Dom/Römer

AUF EINEN STREICH

Grün grünt das Glück!

55 Urban Gardening

In unwirtlichen Gegenden auf kleinsten Flächen wie Balkonen oder Terrassen ganz viel Gartenfeeling zu zaubern, und das mit einfachen Mitteln wie Blumenbeeten und Kräutertöpfen – das ist Urban Gardening. Der Trend der Städter, kleine Wohlfühloasen, grüne Inseln und Minigärten mit Obstbäumen inmitten des städtischen Einheitsgraus zu erschaffen, hat auch längst in Frankfurt Einzug gehalten. Nach dem Motto „mehr Lebensqualität durch gemeinschaftliches Stadtgärtnern" gibt es gleich an mehreren Standorten solche elysischen Felder des grünen Glücks.

Ein solches idyllisches Kleinod ist der Gemeinschaftsgarten „Rote Beete", der erst vor Kurzem im Stadtteil Bockenheim erblühte. Er liegt etwas versteckt, geschützt von alten Mauern und Schatten spendenden Bäumen, aber wenn man ihn findet, dann möchte man länger verweilen. Hier gibt es Sitzbänke für Genervte, Eilige, Shopper, junge Mütter und Väter mit ihren Kindern, Hochbeete, eine Kräuterspirale, Platz für einen Zwischenimbiss und dazwischen genug Raum für die Bewohner des Stadtteils zur Begegnung und Kommunikation.

Die Motivationen für Urban Gardening sind recht unterschiedlich. Während die einen die Rückeroberung des öffentlichen Raums für die Natur fordern, stehen für andere der gemeinschaftliche Aspekt und der Austausch von Gärtner-Know-how und regionaler Nachhaltigkeit im Vordergrund. Wieder anderen geht es um die heilsame Wirkung der Natur: Gartenarbeit ist gesund für Körper und Geist. Die Richtigkeit dieser wissenschaftlich längst bewiesenen Tatsache muss auch ich immer wieder feststellen. Das Wühlen in der Erde erdet einen, im wahrsten Sinne des Wortes. Gerne verlässt man nach getaner Arbeit mit einem „Ich hab Rücken!" – diese selbst geschaffenen Glücksorte – nächstes Mal ist nur Ruhe und Entspannung angesagt. Zum Glück trifft man hier oft auf Gleichgesinnte, die ebenfalls nur der Ruhe frönen wollen; etliche haben immer mal eine Blume oder gar eine Staude gespendet, für die der eigene Balkon zu klein wurde.

- Gemeinschaftsgarten „Rote Beete", Durchgang zwischen Friesengasse 10 und Grempstraße 13, 60487 Frankfurt am Main
- ÖPNV: U6, U7, Haltestelle Leipziger Straße (10 Minuten Fußweg)

Seine Majestät, der Kunde

56 Café Wacker am Uhrtürmchen

Eine leise Wehmut befällt einen, wenn man sieht, wie sehr das Stadtbild der City einem ständigen Kommen und Gehen unterliegt. Alteingesessene Läden verschwinden und hinterlassen eine Lücke, die die Discounter oder allgegenwärtigen Ladenketten nicht wirklich füllen können. Kein Wunder, dass allerorten die Sehnsucht nach der guten alten Zeit wächst! Zum Glück gibt es sie noch, die Originale, in denen Tradition, Qualität und Handwerk gelebt und gepflegt werden. Beim „Café Wacker“ merkt man dies bereits von Weitem: Wenn der Duft von frisch geröstetem Kaffee durch die Straße weht, werden nostalgische Erinnerungen wach, fühlt man sich wie magisch ins Kaffeehaus-Allerheiligste gezogen.

Die Kaffeerösterei Wacker versteht es, die Stammkunden mit ihrer Lieblingsbohne zu verwöhnen und zu verzaubern, und das schon seit über 100 Jahren. Von den fünf Cafés ist das Stammhaus am Kornmarkt die Frankfurter Institution schlechthin. Ob Banker, Hausfrau oder Student – in den Stoßzeiten stehen die Kunden Schlange bis auf den Bürgersteig. Auch Prominente wie Loriot oder Bernhard Grzimek haben hier schon angestanden. Die edlen Bohnen aus Guatemala, Mexiko, Neuguinea, Costa Rica, in schweren Jutesäcken, metallene Schütten, Kästen und die Bestuhlung – das ist alles Inventar aus den 50er-Jahren, Nostalgie pur, und das möchte man einfach nicht missen. Hier werden Geschichte geschrieben und Geschichten erzählt.

Das, wie wir finden, reizvollste Wacker-Café jedoch befindet sich im Art-déco-Haus in der Berger Straße. Enger und kleiner als das Stammhaus, jedoch mit einer großen Portion französischen Charmes, lässt sich hier wunderbar der Kaffee genießen. Kleine süße Köstlichkeiten gibt es natürlich ebenfalls. Allein und doch unter Menschen, wie es sich für ein Café als Ort der Kommunikation gehört. Auch wenn der Blick aus dem Fenster auf das Uhrtürmchen vor dem Laden fällt, ist hier von Hektik nichts zu spüren, hier herrscht ein Hauch von Zeitlosigkeit. Ein Schluck von Wackers Kaffee verleiht Entschleunigung pur!

TIPP

Im „Baguette Jeanette“ gleich nebenan bekommt man die besten Croissants und Pains du chocolat von ganz Frankfurt.

- Café Wacker, Berger Straße 185, 60385 Frankfurt am Main
- ÖPNV: U4, Haltestelle Bornheim Mitte

Wacker's Kaffee
Java Arabica
volles Aroma
säurearm
Wacker's Kaffee
Bio Peru
Entkoffeiniert
500 gr
11.20 €
la Perruche

Dampfende Gelassenheit

57 Chá Dào – China Tea & Art

Er ist fast ein wenig unscheinbar, aber in einer Seitenstraße im beliebten Westend befindet sich ein ganz besonderer Rückzugsort. Warten, sich in Geduld üben – das sind längst vergessene Tugenden in unserer von Hektik bestimmten Zeit. Doch genau das wird hier gelebt. Direkt im Eingang mit Blick auf die großen, von Licht durchfluteten Räume wird man dezent aufgefordert, einfach mal innezuhalten und die entspannte Atmosphäre auf sich wirken zu lassen.

Zögernd tritt man ein, lässt sich in einem Bambusstuhl an einem der hellen Holztische nieder, und unwillkürlich stellt sich ein Gefühl der Erdung ein. Obwohl es hier viel zu entdecken gibt, fühlt man sich nicht von Reizen überrollt. Die Kalligrafien an den Wänden und die wunderschönen Porzellane und Tee-Accessoires sind kleine und willkommene Farbtupfer in den hellen Holzregalen. Über allem scheint der Geist buddhistischer Gelassenheit zu schweben. Die zurückhaltende Ästhetik der Arrangements an den Tischen und in den Räumen beweist, dass hier Kenner am Werk waren. Dies ist kein gewöhnliches Teehaus, auch wenn man hier natürlich Tees von erlesener Qualität und mit sehr geduldiger und kompetenter Beratung serviert bekommt. Wir entscheiden uns für einen weißen Tee. Aus kleinen Schälchen genießen wir den lieblichen, weich anmutenden und dennoch intensiven Geschmack. Dabei erfahren wir, dass die Teeblätter und zarten Knospen in China mehrfach (20-mal und mehr!) aufgegossen werden und auch nur eine kurze Ziehzeit haben. Seit 2016 verstehen es Gerhard Tamm und sein Team, die Besucher nicht nur in die Kunst des korrekten Teetrinkens, sondern allgemein in die Kultur des Reichs der Mitte einzuführen. Erlesene Kunstgegenstände wie Bücher, Teezubehör oder Schreibgeräte laden dazu ein, in die Hand genommen zu werden. Ein kleines Highlight ist sicherlich die Guzheng, ein chinesisches Zupfinstrument. Gibt es etwas Schöneres, als beim Trinken eines nach Maiglöckchen duftenden blauen Tees den eleganten Klängen dieser Wölbbrettzither zu lauschen?

- Chá Dào, Friedrichstraße 10–12, 60323 Frankfurt am Main
  www.chadao.de
- ÖPNV: U1, U2, U4, U8, Haltestelle Grüneburgweg (6 Minuten Fußweg)

Phönix aus der Asche

58

Der Chinesische Garten im Bethmannpark

Wer einmal hierher gefunden hat, wird wiederkommen, früher oder später. Viele kennen diesen magischen Ort. Für gestresste Workaholics ist es der ideale Platz zum Entspannen – inmitten des Großstadttrubels ein Refugium an der „Friedberger", fast fußläufig von der City zu erreichen; eine wahre Oase der Ruhe und Entschleunigung. Beeindruckende Mauern beschützen das Kleinod. Sie halten die zerfleddernde Wirklichkeit draußen auf Abstand. Dieser Garten des himmlischen Friendens fiel 2017 einem nächtlichen Brandanschlag zum Opfer, der das Herzstück, den Wasserpavillon, zerstörte. Chinesische Architekten und Baumeister bauten das traditionelle Haus über dem Wasser neu auf, und seit 2022 erstrahlt der Garten in noch schönerem Glanze – ein wahrer Glücksfall für die Stadt!

TIPP

Von hier ist es nur ein Katzensprung zur wuseligen unteren Bergerstraße mit ihren vielen Geschäften.

Das größte Glück für den Besucher ist jedoch die Harmonie und Ruhe der gesamten Anlage. Nach dem Vorbild der berühmten Shiukou-Gärten entstand hier 1989 auf 4000 Quadratmetern ein fernöstlicher „Frühlingsblumenort", an dem man viele erholende Stunden verbringen kann. Vom Haupttor im Osten führt der Weg einen über eine steinerne Brücke – schön und sinnträchtig zugleich: eine Passage in eine andere Welt. Inmitten üppiger Vegetation geben verschiedene Landschaftsfenster den Blick frei auf malerische Szenen: ein Teich mit Seerosen, filigrane Pavillons am Teichufer sowie eine zierliche Pagode auf einem Hügel. Vom Pavillon streckt sich eine Brücke über den jaspisgrünen Teich, und aus wie zufällig platzierten Felsen ergießt sich ein Wasserfall. Nichts könnte entspannender sein, als in einer der kleinen Nischen am Saum des Bambuswalds am Bachlauf zu sitzen und auf den Wasserfall zu schauen. Oder dem vergnüglichen Plätschern des Wassers zu lauschen, das vom Wesen dieses Orts erzählt; von Harmonie und Frieden, aber auch von Veränderung und Vergänglichkeit. In diesem Garten kann man mit allen Sinnen meditieren, können wir Teil der Natur werden und ein bisschen mehr von ihr verstehen.

- Chinesischer Garten im Bethmannpark, Friedberger Landstraße 8, 60316 Frankfurt am Main
- ÖPNV: Tram 12, 18, Haltestelle Hessendenkmal

Rendezvous im Burggraben

59

Schlossgraben in Frankfurt-Höchst

Diesmal haben wir alles eingepackt. Den Picknickkorb auf den Gepäckträger des Fahrrads, die Crémants, Snacks und Kekse in den Rucksack. Sogar an die Radwanderkarte haben wir gedacht. Frankfurt-Höchst ist allemal einen Besuch wert, und am Ufer des Mains kommt man locker dorthin. Höchst besticht durch eine zauberhafte historische Altstadt, ein Altes und ein Neues Schloss. Bis dahin Kreisstadt mit Landkreis, wurde es 1928 zum Stadtteil Frankfurts. Lästerzungen behaupten, dass die Eingemeindung wegen der damals schon Milliarden schweren Höchst AG erfolgte – und damit auch Frankfurt eine attraktive Altstadt habe. Ersteres stimmt vermutlich.

Das Alte Schloss war einst eine Zollburg, von dieser sind jedoch nur noch der Burgfried und der Burggraben erhalten. Und dort auf dem Rasen, umgeben von blühenden Rhododendren, wollen wir heute picknicken. Ein Picknick wollten wir eh schon lange mal machen, und dies ist ein vorzüglicher Ort dafür.

Der erste Anlaufpunkt ist jedoch der Bolongaropalast mit dem Barockgarten, dem einzigen solchen Garten Frankfurts. Und rein zufällig befindet sich im Palast eine Filiale des Standesamtes, kein schlechter Ort für ein „Ja, ich will!" und das anschließende Hochzeits-Fotoshooting im Park – *mer waases ja net!* Die Räder stellen wir beim Altstadtparkplatz am Mainufer ab. Von hier ist es nur ein Katzensprung in die Altstadt mit ihren herrlich verwinkelten Gässchen und hübsch herausgeputzten Fachwerkhäusern, viele romantisch von bunten Blumen umrankt. Das Picknick im Burggraben ist der volle Erfolg, das Ambiente passt und der Crémant ist heute rosé wie die Rhododendren. Vor Antritt des Heimwegs lohnt sich die Einkehr in einem der Gasthäuser am Schlossplatz mit der mächtigen Eiche. Wenn die untergehende Sonne mit ihren letzten Strahlen den Platz mit dem pittoresken, fein herausgeputzten Fachwerkensemble erwärmt, möchte man dort verweilen, die kostbaren Momente verlängern und den Abschied hinauszögern.

TIPP

Schöne handgefertigte Keramik findet man bei „Irdenglück", Bolongarostraße 159, 65929 Frankfurt am Main.

- Das neue Schloss Höchst, Burggraben 1, 65929 Frankfurt am Main
- ÖPNV: S1, S2, Haltestelle Höchst Bahnhof (20 Minuten Fußweg); Tram 11, Haltestelle Bolongaropalast

Alte
Zollwache

Tango – Tapas – olé!

60 Academia de tango

Rhythmisch in enger Umarmung mit dem Partner und mit der Musik gehen, sich treiben lassen, ein bisschen wilder und leidenschaftlicher werden, hin zu mehr Lebenslust und Lebensfreude: Das alles ermöglicht der Tango Argentino. Und einen Glücksort, an dem die Magie des Tangos selbst auf die Zuschauer überspringt, findet man in der Tango-Tapas-Bar in der Sonnemannstraße 3 im Ostend. Fast könnte man meinen, der Name sei hier Programm. Paare, die sich in engster Umarmung in improvisierten Figurenkonstellationen über den Parkettboden drehen, fast schweben und ganz im Moment aufzugehen scheinen, sehnsuchtsvoll und erotisch zugleich, und das alles begleitet von einem melancholisch klingenden Bandoneon, Geigen und Gesängen – einer Musik, die beinahe zu weinen scheint.

Die Argentinierin Fabiana Jarma hat Ende der 90er-Jahre den Tango und damit eine große Portion argentinischer Leidenschaft nach Frankfurt gebracht. Seitdem bringt die „academia de tango" mit ihrem umfangreichen Tanzangebot – von Tango bis Zumba – regelmäßig jede Menge Schwung in das Nachtleben. Abends schwingen hier nämlich die tangueros und tangueras das Tanzbein. Wem nach so viel leidenschaftlicher und schweißtreibender Aktivität der Appetit nach Essen steht, braucht keine weiten Wege zurückzulegen. Direkt angeschlossen an den Tanzsaal ist die „Cocina Argentina", eine Tapas-Bar, die mit argentinischen und spanischen Köstlichkeiten aufwartet. Köstliche Empanadas, Steaks mit feuriger Chimichurri-Soße, gegrillte Chorizo, dazu ein vollmundiger Malbec, der berühmte Rotwein – und das alles begleitet von lateinamerikanischen Klängen. Hier lässt sich der Abend mit allen Sinnen genießen, während man ein wenig dem argentinischen Lebensgefühl nachspürt. Beschwingt und umhüllt von argentinischer Leichtigkeit und Leidenschaft, verlassen wir diese tolle Frankfurter Milonga und schweben auf Wolke sieben nach Hause und wissen jetzt schon, wohin uns die nächste Urlaubsreise führen wird.

- Academia de Tango, Sonnemannstraße 3, 60314 Frankfurt am Main
- ÖPNV: Tram 11, Haltestelle Sonnemannstraße

Hüterin der Erinnerung

61 Deutsche Nationalbibliothek

Die größte Büchersammlung Deutschlands, der Ort, an dem das Wissen der Welt in deutscher Sprache bewahrt und wie ein Schatz gehütet wird: Das ist die Deutsche Nationalbibliothek. Einer ihrer insgesamt zwei Standorte befindet sich Frankfurt. Doch können diese angestaubten Verwahrungsanstalten überhaupt Glücksorte sein?

Bücher sind die stillsten und beständigsten Freunde, die zugänglichsten und weisesten Ratgeber und die geduldigsten Helfer, das wusste bereits Charles W. Eliot. Auf 30.000 Quadratmetern (teilweise in unterirdischen Magazinen) lagert hier das kulturelle Gedächtnis Deutschlands für Schrift und Musik. Welch eine hehre Aufgabe! Dieser Verpflichtung kommen die fleißigen Bücherhüter seit 1913 nach. Kein Wunder also, dass sich mittlerweile alleine in Frankfurt an die 18 Millionen Medien angesammelt haben. Da es sich bei der Deutschen Nationalbibliothek um eine Präsenzbibliothek handelt, dürfen die Bücher nicht ausgeliehen werden, man darf sie nicht einmal mit in den Bibliotheksgarten nehmen. Dennoch ist die Nationalbibliothek ein außergewöhnlicher Lieblingsort: Hier kann man sich zurückziehen und ganz in die Welt der Bücher eintauchen – eine ganz besondere Welt.

TIPP

Geistige Arbeit strengt an und macht Appetit, nichts wie hin zur „Artotheke", direkt gegenüber.

Und manchmal gibt es eine unterhaltsame Lehrstunde zum Thema „Lesetyp" gratis dazu. Denn die Leserinnen und Leser sind hier so vielfältig wie die Bücher. Es gibt die Unermüdlichen und Fleißigen, die Berge an Büchern um sich stapeln und wie besessen mit ihren Aufzeichnungen beschäftigt sind. Dann sind da die So-als-ob-Leser, die so tun, als würden sie lesen; sie erkennt man am rastlosen Durchblättern der Seiten. Und schließlich fallen mir immer wieder die ruhelosen Sucher auf, die sich zwischen den Bücherregalen entlangtasten – immer auf der Suche nach dem richtigen Buch. Bei meinem letzten Besuch hatte ich es mir zu Aufgabe gemacht, Bücher zum Thema „Glück" zu finden. Und siehe da, die Suchnachfrage ergab 33.136 Treffer. Um das alles abzuarbeiten, werde ich wohl noch viele glückliche Stunden hier verbringen.

- Deutsche Nationalbibliothek, Adickesallee 1, 60322 Frankfurt
- ÖPNV: U5, Haltestelle Nibelungenallee/Adickesallee

DEUTSCHE
NATIONAL
BIBLIOTHEK

Glückspotpourri

62 Phoenix Tea und Phoenix Flowers

Bei „Phoenix" erwartet die Besucher ein Potpourri an Glücksmomenten: Linkerhand ein Blumenparadies und rechts eine Teeoase. Was will man mehr? Wer schon immer mal in die Welt der japanischen Teezubereitung eintauchen und lernen wollte, wie man den perfekten Bancha-, Gyokuo-, Hojicha-, Sencha- oder Zhen-Zhu-Mo-Li-Jasminperlen-Tee richtig zubereitet, ist hier goldrichtig.

Bereits beim Eintreten wird klar, dass dies ein ganz besonderer Ort ist. Ein Ort der Harmonie und Ruhe, bei dem Hektik, Lärm und Stress vor der Tür bleiben. Die Wände sind in ein dunkles Grün getaucht, satt und samtig wie ein vollmundiger Matcha-Tee. Dunkle Holzregale, die mit geheimnisvollen Teebehältern bestückt sind. Alles einfach strukturiert und minimalistisch. Dahinter steht der japanische Sinn für die schlichte Schönheit im Geiste des Zen. Die einzigen Farbtupfer sind das Blumenarrangement im Fenster und die bunten Kissen auf den Sitzbänken in der kleinen Sitzecke. Aus Neugier entscheiden wir uns für eine japanische Teezeremonie, in der der Tee auch entsprechend traditionell serviert wird. Und so sind wir Zeugen eines zutiefst andächtigen Rituals: Die Schale wird mit grünem Matcha-Pulver befüllt, vorsichtig mit wohltemperiertem Wasser aufgegossen und die Mischung fast schon kontemplativ mit dem Bambusbesen geschlagen: ein höchst meditativer Akt.

Einfach nach der Teeschale greifen, den Geruch einfangen. Mit dem ersten Schluck die Augen schließen und dem wohltuenden, runden Gefühl im Mund nachspüren. Das Gedankenkarussell steht bereits still, und langsam stellt sich Entspannung im Hier und Jetzt ein. Fürs Glücklichsein fehlen nur noch Blumen, und die kann man gleich nebenan bei „Phoenix Flowers" ergattern, der kleinen Schwester des Geschäfts sozusagen. Kleine florale Kunstwerke, bei denen die Farben und Formen der Blumen eine besondere Harmonie ergeben. Zen eben. Da geht einem das Herz auf.

TIPP

Bei „o.t.b.t" („Off the beaten track") findet man weitere schöne Dinge, die das Herz erfreuen. Wielandstraße 2/Ecke Friedberger Landstraße, 60318 Frankfurt am Main.

- Phoenix Tea and Phoenix Flowers, Friedberger Landstraße 82, 60316 Frankfurt am Main, www.phoenixtea.de
- ÖPNV: Tram 12, 18, Haltestelle Friedberger Platz

American Dream

63 DRIVE IN Autokino

Dieser Ort besitzt einen extrem hohen Nostalgiefaktor und sorgt – bei passender Filmauswahl – zudem für eine gehörige Portion Romantik. Am Valentinstag kann man seinen Liebsten oder seine Liebste mit einer Flasche Prosecco und einem Ticket für einen ganz besonderen Abend überraschen. Die Rede ist hier vom „DRIVE IN“, dem allerersten Autokino Deutschlands, heute das älteste im Land und das zweitälteste in ganz Europa. Auch in Zeiten von 3-D-Kinos mit plüschig ausgestatteten Klappsesseln kann sich der „kleine Riese“ noch behaupten. Die Blütezeit der 70er-Jahre, in denen es hip war, sich am Wochenende ins Auto zu hieven und mit riesigen Tüten voller Popcorn bewaffnet unterm Sternenhimmel Gruselschocker, Grease oder Romantikschnulzen zu genießen, ist leider vorbei. Von den ehemals 40 Autokinos Deutschlands sind nicht mehr viele übrig. Schade eigentlich, denn hier ist ein besonderes cineastisches Erlebnis garantiert! Das DRIVE IN Autokino in Neu-Isenburg wurde 1960 eröffnet, das umliegende Waldareal war die perfekte Umgebung für eine solche Anlage. Der Boden ist in Wellen angelegt, sodass die Vorderachse des Autos leicht erhöht ist und man eine bessere Sicht auf die Leinwand hat. Der Ton wird mittlerweile über Funk auf einer bestimmten Frequenz auf das Autoradio übertragen. Von den zwei Leinwänden misst die größere stolze 36 mal 15 Meter. Da ist jeder Filmkuss zum Greifen nahe, und das erhöht den Kuschelfaktor um einiges.

Zum besonderen nostalgischen Ambiente gehören zweifelsohne die kleinen gelben Kassenhäuschen, die dem Zahn der Zeit getrotzt haben, und der Diner, natürlich in alter Autokinotradition mit roten Lederstühlen. American way of life eben! Auch wenn heute viele Blockbuster zum festen Programm gehören, werden zu besonderen Anlässen auch noch echte Klassiker und an speziellen Thementagen ausgewählte Filme gezeigt. Und mal ehrlich, unter freiem Sternenhimmel, so ganz privat in romantischer Zweisamkeit im Auto, ist das Filmegucken doch ganz großes Kino.

● DRIVE IN Autokino Frankfurt Gravenbruch, 63263 Neu-Isenburg

DRIVE IN
Autokino Gravenbruch
Wo Kino am größten ist!
Privater Automarkt
Jeden Samstag von 8-14 Uhr
2,45
20
Hier gilt die StVO

Rechteckig, praktisch, gut

64 Das Ernst-May-Haus und Museum

Beim Anblick der schier endlosen Reihen von gleichförmigen kleinen Betonhäusern werden sich manche fragen, wo hier der Glücksort zu finden sei, denn viel Charme versprüht die Römerstadt nicht. Jedoch während der besonders in den Großstädten herrschenden Wohnungsnot in den 30er-Jahren des letzten Jahrhunderts war die Vorstellung von einem Eigenheim mit Garten fast schon eine Verheißung auf das Paradies. Vor diesem Hintergrund können die Ideen des Frankfurter Architekten und Stadtbauplaners Ernst May als wegweisend bezeichnet werden. Sein Siedlungsprojekt, das 15.000 Wohnungen, Reihenhäuser und Kleingärten umfasste, war für den „kleineren Geldbeutel" gedacht. Und wer solch ein Heim sein Eigen nennen durfte, konnte von Glück reden: ein Leben mit mehr Licht, Luft und Raum.

Die Häuser und Wohnungen wurden rein funktional nach dem Motto rechteckig, praktisch, gut angelegt! Im Musterhaus, erkennbar nur an den blauen Fensterrahmen und einem kleinen Schild, zeigt eine Dauerausstellung die Originalausstattung aus der Zeit der Weimarer Republik. Die Verwirklichung des Wunsches nach einem eigenen kleinen Heim ist nahezu greifbar.

Bei der Planung der Küche verfolgte die Architektin Margarethe Schütte-Lihotzky ein fast schon „revolutionäres" Konzept: Die Entfernungen zwischen den einzelnen Arbeitsschritten wurden gemessen, alle Wege wurden mit der Stoppuhr optimiert. Sogar die Farben wurden gezielt ausgewählt, denn nach wissenschaftlichen Erkenntnissen hält Blau die Fliegen fern. Nichts wurde dem Zufall überlassen. Die berufstätigen Hausfrauen sollten so wenig Zeit wie nur eben möglich in die Küchenarbeit investieren müssen, damit mehr Raum für das persönliche Wohlbefinden bliebe. Dieses Küchenmodell wurde als „Frankfurter Küche" bekannt, die „Mutter" aller modernen Einbauküchen. Das May-Haus kann durchaus als Prototyp des Reihenhauses gelten. Einen besonders hohen Nostalgiefaktor besitzt der kombinierte Kohle- und Elektroherd, der bei manchen womöglich noch Kindheitserinnerungen weckt.

● Ernst-May-Haus & Museum, Im Burgfeld 136, 60439 Frankfurt am Main, Tel. (0 69) 15 34 38 83, https://ernst-may-gesellschaft.de/mayhaus/musterhaus
● ÖPNV: U1, Haltestelle Römerstadt

Unser tägliches Brot

65 Bäckerei und Konditorei Huck

Ein wohlgerundeter Laib, am liebsten mit einer knusprigen Kruste, schön warm und duftend die Krume – wer kommt da nicht ins Schwärmen? Wir finden, dass die deutsche Brotkultur eine Liebeserklärung verdient hat. Denn sie ist einzigartig, vielfältig, innovativ, einfach unschlagbar. Mit rund 3200 verschiedenen Brotsorten und den vielen regionalen Ausprägungen kann uns in Sachen Brot keine Nation etwas vormachen. Wer kennt sie nicht, die Sehnsucht nach der guten alten Butterstulle. Auch wenn der Urlaub noch so schön und das Essen noch so köstlich ist: Das gute Brot, das Stück Heimat, fehlt! Schon der alte Goethe wusste: „Alles wirklich Gute ist einfach."

Das vielleicht beste Brot (zumindest nach Meinung der Autoren) gibt es bei „Huck". In dem seit 1937 bestehenden Familienbetrieb wird noch ganz nach alter Tradition gebacken. Und auch wenn sich die Zeiten ändern, die Trends kommen und gehen: Gutes Handwerk bleibt. Die meisten Teige werden bei Hucks nach traditionellen Rezepten hergestellt, wie noch zu Omas Zeiten. Mit Alexander Huck ist nun die dritte Generation in der Backstube. Selbstverständlich achtet er stets darauf, bei der Brotherstellung nur natürliche und regionale Rohstoffe zu verwenden. Denn nur mit Herz und Verstand, Liebe und Achtsamkeit kann gutes Brot entstehen, so die Philosophie der Hucks.

Das Sortiment an Broten ist vielfältig und abwechslungsreich. Neben Kümmel-, Nuss- und Zwiebelbrot ist vor allem das Brot für den Imbiss nebenan bereits ein Klassiker: Auch wenn die Würste des kultigen Imbisses „Best Worscht in Town", vor allem die hitverdächtigen Currymischungen mit ordentlich „Wumms", in Frankfurt und im Umland bereits legendär sind, ist das resch und dunkel gebackene, handausgehobene Roggenmischbrot aus Natursauerteig, das dort zur Currywurst serviert wird, so lecker, dass die Wurst selbst fast schon zur Beilage wird. Jetzt aber nichts wie hin zu „Huck" und sich ein Stück duftendes, frisch gebackenes Glück abholen!

● Bäckerei und Konditorei Huck, Schweizer Straße 30, 60594 Frankfurt
● ÖPNV: U1, U2, U3, U8, Haltestelle Schweizer Platz;
Tram 15, 16, 19, Haltestelle Schweizerstraße/Gartenstraße

brot
1kg 2,40€
500g 1,65€
Dinkelvollkorn
1kg 4,50€
Zwiebelbrot
750g
3,20€
Haselnussbrot
750g
3,20€
Kümmelbrot
750g
3,20€
est Worscht in Town"
% Roggensauerteig 1kg 3,30€
Bauernbrot
1/2 Brot 1,65€
Vinschgauer
mit
Kümmel 1,50€
Anis
Kastenweißbrot
1,95€
Sechskornbrot
500g 2,35€
Kürbiskern
Brot 750g
3,20€
les 2,10€
rot 2.
Mehrkorn 2,90

Auf Goethes Spuren

66 Willemer-Häuschen

Wie wäre es dieses Jahr denn mal mit einem Osterspaziergang auf Goethes Spuren? Vielleicht um der kleinsten Gedenkstätte der Stadt, die ein echter Geheimtipp ist und selbst vielen Frankfurtern unbekannt sein dürfte, einen Besuch abzustatten? Obendrein ist das romantische Kleinod mit Namen „Willemer-Häuschen“ (benannt nach dem ehemaligen Besitzer) mitsamt seinem kleinen Rokokogarten auch noch mit einer äußerst romantischen Geschichte verbunden. Kein Geringerer als der Dichterfürst und wohl bekannteste Sohn der Stadt hat hier seine Finger im Spiel gehabt. Natürlich hat er an diversen Standorten in Frankfurt seine Spuren hinterlassen. Am bekanntesten ist wohl das Goethehaus am Großen Hirschgraben in der Innenstadt, ein obligatorischer Teil jedes Sightseeing-Programms. In dieses kleine verwinkelte Häuschen im Hühnerweg in Sachsenhausen verirrt sich dagegen kaum jemand. Dabei versprüht das schieferverkleidete achteckige Gebäude schon von Weitem einen ganz besonderen Charme.

Doch zur Geschichte: Der Bankier Johann Jakob von Willemer verliebte sich unsterblich in die junge österreichische Schauspielerin Marianne, die er auch kurzerhand ehelichte. Aber auch der Schwerenöter Goethe – wie sollte es auch anders sein – konnte Mariannes Reizen nicht widerstehen. Als verbürgt gilt, dass sich beide am 18. Oktober 1844 anlässlich einer Feier zum 31. Jahrestag der Völkerschlacht bei Leipzig hier auf dem Balkon befanden und das Leuchtfeuer auf dem Berg beobachteten. Böse Zungen behaupten, dass nicht nur draußen die Funken sprühten. Vielleicht ist das nur eine Legende – auf jeden Fall aber hat Marianne Goethe als Muse geküsst. Und nicht nur das: Der Dichter war von ihren schriftstellerischen Qualitäten wohl so angetan, dass er drei ihrer Gedichte für sein Werk Suleika verwendete. Dank der vielen Gemälde und Zeichnungen im Inneren des „Willemer-Häuschens“ kann man hier ein wenig in Goethes Welt eintauchen. Besonders eindrucksvoll sind die handgeschriebenen Gedichte und Briefe, die an den Wänden hängen.

- Willemer-Häuschen, Hühnerweg 74, 60599 Frankfurt
- ÖPNV: S3, Haltestelle Hühnerweg

Kiss the sky

67 Der Dachgarten auf dem Skyline Plaza

Gibt es im Sommer etwas Schöneres, als seinen Cocktail oder Sundowner auf einer Dachterrasse über den Dächern von Frankfurt zu schlürfen? Immerhin punktet die hessische Weltstadt mit der schönsten Skyline Deutschlands. Alle paar Jahre feiern die Frankfurter sie mit einem Wolkenkratzer-Festival, denn fast 30 Hochhäuser mit einer exorbitanten Höhe von über 100 Metern sind wahrhaftig keine schlechte Bilanz. Der große Dachgarten auf dem Skyline Plaza bietet zwar keinen Meeresblick auf die Côte d'Azur oder eine hippe New Yorker Rooftopbar, aber der Ausblick von hier oben ist etwas ganz Besonderes: Etliche Riesen der City scheinen zum Greifen nah. Das kann sich sehen lassen!

Das Skyline Plaza, ein beliebtes Einkaufszentrum mit über 170 Geschäften, Dienstleistungsbetrieben und einer faszinierenden Food Mile, wurde 2013 eröffnet. Es kann zwar nicht mit anderen mithalten, was die Höhe angeht, dafür bietet es jedoch einige einmalige Attraktionen: 2014 öffnete eine dreistöckige Fitness- und Wellnessanlage ihre Pforten, die über eine große Themen-Dachterrasse verfügt – die grüne Glaskuppel über dem runden Indoorpool ist zum Kennzeichen des Centers geworden. Das Sahnehäubchen schlechthin ist jedoch der Skyline Garden auf dem Dach. Die öffentlich zugängliche, ca. 7300 Quadratmeter große Fläche ist ein Besuchermagnet.

Hier oben befinden sich eine Grünanlage mit Bäumen und Stauden, eine Rasenfläche, Kinderspielplätze, ein Schachfeld, eine Boulebahn und Tischtennisplatten. Zahllose Sitzbänke laden zum Chillen ein. „Urlaub vom Alltag", verspricht ein bekannter Ganztages-Gastronomiebetrieb, der mit stilvollem Ambiente im Innenbereich und einer großen Außenterrasse seine Gäste verwöhnt.

Von der gesamten Dachterrassenanlage aus bietet sich ein traumhafter Panoramablick. Und wer noch höher hinauswill, steigt vielleicht mit einem Secco in der Hand auf die kleine Aussichtsplattform – und genießt den einzigartigen Blick auf die City und die Taunusberge in der Ferne.

- Skyline Plaza, Europa-Allee 6, 60327 Frankfurt am Main
- ÖPNV: Tram 16, 17, Bus 46, 64, Haltestelle Güterplatz; U4, Haltestelle Festhalle/Messe

Der Pflanze sei Dank

68 Wissenschaftsgarten am Campus Riedberg

Manche Tage sind einfach viel zu schade, um zu arbeiten. Und ein solcher Tag ist heute. Die Sonne verwöhnt uns mit ihren ersten Strahlen. Die Wärme und Helligkeit wissen auch die Pflanzen zu schätzen, und die ersten Blütendolden recken ihr Köpfchen bereits zur Sonne hin. Ein Besuch im „Wissenschaftsgarten" der Goethe-Universität stellt im Frühjahr eine kleine Lehr- und Lernreise durch die Pflanzenwelt dar. Entspannt schlendern wir vorbei an den Gewächshäusern, linksherum in Richtung Arzneipflanzengarten, unserem Lieblingsplatz in dieser Anlage. Wir haben nämlich gehört, dass auch hier „Glück bringende" Pflanzen, im wahrsten Sinne des Wortes, zu finden sind.
Heilkräutergärten wurden bereits im Mittelalter hochgeschätzt und waren wichtiger Bestandteil der Klostergärten. Gegen jedes Übel ist ein Kraut gewachsen, das wusste man schon damals. Und auch heute noch sind Pflanzen als ältestes Arzneimittel der Welt aus der modernen Medizin nicht wegzudenken. Hier wachsen die Heilpflanzen in Hochbeeten und sind nach ihren Inhaltsstoffen angeordnet. Zu den Alkaloiden beispielsweise gehört Morphin, als Schmerzmittel bekannt, das im Schlafmohn enthalten ist. Weitere Pflanzen mit heilenden Inhaltsstoffen, die sich hier finden, sind Ginseng oder Johanniskraut. Und diese Pflanzen sind nicht nur hochwirksam, sondern oft auch noch schön anzusehen – welch ein Glück!
Das Arzneimittelareal ist aber nur ein Teil des 2014 eröffneten Wissenschaftsgartens. Auch wenn diese Anlage vordergründig der Lehre und Forschung dient, ist sie nicht nur für Studierende, sondern auch für Laien ein Glücksgriff. So können wir die Vielfalt und Schönheit der Pflanzenwelt genießen und die eine oder andere botanische Rarität entdecken. Das Gebiet wird in naher Zukunft noch um weitere Areale erweitert werden. Einzelne Bereiche befinden sich noch in Planung, wie beispielsweise der „Garten des Erdmittelalters", in dem Nadelgehölze aus aller Welt ihren Platz finden sollen. Ein Garten braucht Zeit, und wir freuen uns schon auf den nächsten Besuch!

- Wissenschaftsgarten am Campus Riedberg, Max-von-Laue-Straße 13, 60438 Frankfurt am Main
- ÖPNV: U1, U3, U8, U9, Haltestelle Niederursel (10 Minuten Fußweg); U8, U9, Haltestelle Uni-Campus Riedberg (8 Minuten Fußweg)

Kuscheliges Kulturgut

69 Teddy-Paradies

„Kam ein kleiner Teddybär aus dem Spielzeuglande her ...“ – so heißt es in einem alten Kinderlied aus der DDR. Vor den Schaufenstern des „Teddy-Paradies“ stehen nicht nur Kinder mit großen, staunenden Augen und offenen Mündern; schon etliche Erwachsene sollen sich an den Fensterscheiben die Nase platt gedrückt haben. Denn nicht nur Kinder wissen: Wer einen drolligen Teddybären hat, der besitzt einen Freund fürs Leben, denn wer sonst kann schon von sich behaupten, Wegbegleiter, Trostspender, Kuscheltier, Tränenfänger und Glücksbringer in einem zu sein! Doch was macht eigentlich die Faszination des in der Natur so wilden Zeitgenossen aus? Große dunkle Knopfaugen, ein rundes und dickes Bäuchlein, das flauschige Fell vielleicht?
Inhaber Volker Gließner hat sich 1998 mit seinem „Teddy-Paradies“ einen Lebenstraum erfüllt. Mit ca. 2000 Exemplaren und dem deutschlandweit größten Angebot an Künstlerbären kann sich das Sortiment an Teddys auch wirklich sehen lassen. Von Bären in Miniaturform bis zum großen Kuschelbären, vom exquisiten Sammlerstück bis hin zum Otto-Normalverbraucher-Bären: Hier gibt es alles, wofür das Bärenliebhaberherz schlägt. Ein besonderes Maskottchen ist der Äppelwoi-Bär mit seinem wichtigsten Accessoire, dem „Bembelsche“ in der Hand. Erfunden wurde der kleine Spielzeugbär 1902 von dem bekannten deutschen Unternehmen, das seine Plüschtiere mit dem „Knopf im Ohr“ in alle Welt entlässt. Namenspate war der damalige US-Präsident Theodore Roosevelt, im Volksmund „Teddy“ genannt, der nach einer erfolglosen Jagdpartie auf Bären von der Presse karikiert wurde, weil er sich weigerte, ein angebundenes Bärenjunges zu töten. Der kleine Bär wurde zur Symbolfigur für Mr. President.
Das Teddyparadies ist der Glücksort schlechthin für Fans, Sammler und alle, die Teddybären lieben! Und wer immer noch nicht genug hat, der kann sich auch noch mit Teddyseifen, Teddyzahnpasta, Teddykisten oder Teddygummibären eindecken. Wenn's einem da nicht ganz warm ums Herz wird!

● Teddy-Paradies, Römerberg 11, 60311 Frankfurt am Main
www.teddy-paradies.de
● ÖPNV: U4, U5, Haltestelle Dom/Römer

Lausche dem Sommerwind!

70 Licht- und Luftbad

Frankfurt hat einige grüne Oasen im Angebot, ein ganz besonderes Refugium ist jedoch das „Licht- und Luftbad" am Niederräder Ufer. Bereits im Jahr 1900 wurde die Maininsel als öffentliche Badeanstalt benutzt, und so auch heute noch. Verlässt man die stark befahrene Straße Niederräder Ufer in Richtung Main und passiert die Brücke der ehemaligen Schleuse, dann wähnt man sich plötzlich beinahe in einer Parallelwelt. Ein Ruhepol inmitten der Großstadt!

Gleich am Eingang wartet ein kleines Kuriosum. Ein Hausboot, von Pflanzen überwuchert, wie es verwilderter und ursprünglicher kaum sein könnte. Die „Natur Ship MS Heimliche Liebe" kann man vom Ufer aus nur – back to the roots – per Floß erreichen. Dahinter eröffnet sich einem dann ein verwunschenes, parkähnliches Areal mit altem Baumbestand, ausgedehnten Wiesenflächen, einem Sandabschnitt und freiem Blick auf den Industriehafen. Es ist kaum vorstellbar, dass diese renaturierte Oase vor etlichen Jahren noch ganz verwaist und verwahrlost war. Die weißen, verwitterten Säulen sind Überreste der ehemaligen Umkleidekabinen – und eine leise Erinnerung an die traurige Vergangenheit der jüdischen Bevölkerung Frankfurts: Das „LILU" war eine der letzten öffentlichen Badeanlagen, die die Frankfurter Juden besuchen durften. Heute steht dieses Stück Idylle zum Glück wieder jedermann offen, es ist Platz für jeden, der ein kleines Stück Glück in Form einer Auszeit sucht.

Ein kleines architektonisches Glanzstück ist das „PONTON LILU", eine Restauration der besonderen Art, denn diese gastronomische Einrichtung kann bei Bedarf zu einem schwimmenden Boot umfunktioniert werden. Bei Hochwasser wird es nämlich auf Pontons angehoben und steht dann sicher wie der sprichwörtliche Fels in der Brandung. Wer nach Entschleunigung und Erholung von der Hektik der Großstadt sucht, wird hier garantiert fündig. Sich eine kleine Verschnaufpause auf der Liegewiese gönnen oder seinen Kaffee in den Liegestühlen genießen … Schöner kann man seine freie Zeit wahrlich nicht verbringen.

● Licht- und Luftbad, Niederräder Ufer 10, 60528 Frankfurt am Main
www.lilu-frankfurt.de

● ÖPNV: Tram 12, 15, 21, Haltestelle Heinrich-Hoffmann-Straße/Blutspendedienst (400 Meter Fußweg Richtung Main)

PONTON LILU
PONTON LILU
1

Kleine bunte Verführer

71

Macarons von L'Art Sucré

Sie leuchten in Zitronengelb, Pistaziengrün, Himbeerrosa und Veilchenviolett. Wir können einfach nicht widerstehen und greifen uns eine der knallbunten Versuchungen. Wie einst Kirsten Dunst in Sofia Coppolas Film Marie Antoinette beißen wir genüsslich in das süße Gebäck … Die Rede ist hier natürlich von Frankreichs Top-Exportartikel: den Macarons. Außen eine knusprige Hülle und innen eine cremig-weiche Masse, die auf der Zunge zergeht. Was für ein Mundgefühl! Wir schmelzen förmlich dahin. Karamellmousse mit gesalzener Butter oder Schwarze Johannisbeere und Veilchen – das schmeckt nach mehr! Die beiden Pâtisseure Sandra und Florian Köller verstehen sich darauf, bekannte Aromakombinationen aufzubrechen und kleine Geschmacksexplosionen in den Mund zu zaubern. Und, ja, das Versprechen, ein Lächeln ins Gesicht zu zaubern, haben beide voll erfüllt. Wir verstehen nun, warum sich mitunter Menschen in Warteschlangen die Füße wund stehen und die Nasen platt drücken an den Fensterauslagen, wenn es um Macarons geht. Ganz so schlimm geht es hier zum Glück nicht zu. Dennoch brauchen die kleinen bunten Kunstwerke, die bei „L'Art Sucré" in liebevoller Kleinarbeit und Präzision hergestellt werden, den Vergleich mit denen von Pariser Pâtisseur-Papst Pierre Hermé oder der Luxusbäckerei „Ladurée" nicht zu scheuen. Die Zusammensetzungen und Zutaten mancher der kleinen Desserts klingen fast wie Wörter aus gehauchten Gedichten aus fernen Ländern: Tonkabohnen-Mousse, Estragonbiskuit und -gelee. Himbeersauce und Blätterteig kennen wir auf diese Weise ebenfalls noch nicht. Und ein Gedicht sind sie dann auch, optisch, vor allem aber geschmacklich. In der minimalistisch eingerichteten Boutique stehen die süßen Versuchungen ganz klar im Vordergrund, wie kleine Diven, die sich von niemandem den Auftritt nehmen lassen. Da kommt doch der Wunsch auf, sich heimlich in diesem Laden einschließen zu lassen und das gesamte edle Sortiment zu probieren (auch die Törtchen scheinen fast zu schade zum Essen).

● L'Art Sucré, Große Bockenheimer Straße 25 (Fressgass), 60313 Frankfurt am Main
● ÖPNV: U1, U2, U3, U6, U7, U8, Haltestelle Hauptwache;
U6, U7, Haltestelle Alte Oper

Ei guude, wie?

72 Apfelweinwirtschaft Wagner

„*Hopp, hopp, hopp – Schoppe in de Kopp*" – zugegeben, für nicht Trinkfeste ist das mit der empfundenen Glückseligkeit nur von kurzer Dauer, dafür folgt der schwere Kopf am nächsten Tag. Aber ein Schoppen Ebbelwoi (Übersetzung für Zugereiste und Nichtfrankfurter: Apfelwein) bei „Apfelwein Wagner" gehört zum Pflichtprogramm eines jeden Frankfurt-Besuchs. Kann man die Frankfurter Seele besser verstehen als mit einem Schlückchen des *güldenen Stöffche,* des kulinarisch-kulturellen Erbes der Stadt sozusagen? Die Erinnerungen an den letzten Rausch sind schon ein wenig verblasst, als einem das heilige Duo, bestehend aus Bembel (dem blau-weiß bemusterten Tonkrug) und Geripptem (Glas mit Rippen für die bessere Haptik), aufgetischt wurde. „Sauer macht lustig", „Apfelwein löst die Zunge" – solche Sprüche schießen einem durch den Kopf, während man genüsslich den ersten Schluck nippt. Wider Erwarten schmeckt es säuerlich-süffig, und man möchte automatisch mehr! Ein wenig Vorsicht beim Trinken ist dennoch geboten, denn mit den gerade mal fünf Prozent Alkoholgehalt verführt der Ebbelwoi dazu, mehr zu trinken, als man vorhatte – zumal in geselliger Runde. Die Plätze an den rustikalen langen Tischen sind immer gut belegt. Dies liegt nicht zuletzt an der Tatsache, dass „Apfelwein Wagner" eine der ältesten und urigsten Ebbelwoi-Lokalitäten in Frankfurt ist. Hier wird bereits in fünfter Generation traditionelle hessische Hausmannskost aufgetischt, als Rückbesinnung auf Alt-Authentisches und bewusster Gegenpol zur modernen Cross-over-Küche. Geschmorter Ochsenschwanz mit Bratkartoffeln, Rippchen mit Sauerkraut oder hausgemachte Bratwurst und als kulinarische Krönung die Grie Soß, so wird beim Lesen der Speisekarte klar, das ist nichts für die schlanke Linie. Wir entscheiden uns für den Leberkäse, und was dann vorgesetzt wird, übersteigt, allein schon portionsmäßig, all die Erwartungen. Darauf hoch die Gerippten und ein „Prosit" – so fühlt sich Wohlfühlküche an.

● Apfelweinwirtschaft Wagner, Schweizer Straße 71, 60594 Frankfurt am Main
www.apfelwein-wagner.com
● ÖPNV: U1, U2, U3, U8, Haltestelle Schweizer Platz;
Tram 15, 16, 19, Haltestelle Schwanthaler Straße

ADOLF
AGNER
Garten-
Lokal

Mit SMS entspannen

73 Schiffsmeldestelle in Höchst

Leuchtende Lichtkugeln und riesige weiße Zeltüberdachungen weisen schon von Weitem den Weg, und die Chill-out-Musik und der Duft gegrillter Leckereien ziehen einen geradezu magisch an. Eine besondere Oase, direkt am malerischen Mainabschnitt in Höchst mit der geschichtsträchtigen Kulisse im Hintergrund, ist die Schiffsmeldestelle, auch liebevoll „SMS" genannt. Was früher einmal eine Einrichtung zur Erfassung der vorbeiziehenden Flussschiffe war, ist heute eine gelungene Symbiose aus Strandbar, Biergarten und einem wunderbaren Blick auf den Fluss. Kein Wunder also, dass sich hier nicht nur die vorbeiziehenden Radler gerne auf einen Zwischenstopp niederlassen.
Mit den ersten Sonnenstrahlen haben auch wir uns aufs Rad geschwungen, und als wir bei der SMS eintreffen, sitzen bereits einige Sonnenanbeter in den Liegestühlen. Mit Cocktails oder Ebbelwoi im Gerippten haben sie es sich in den Liegestühlen gemütlich gemacht. Der Blick schweift über das glitzernde Wasser und das gegenüberliegende Schwanheimer Mainufer – ein Reiz, dem auch wir uns kaum entziehen können. Wie sagt man so schön: Der Schlüssel zum Glück ist es, jeden Tag, jede Stunde und jeden (besonderen) Moment bewusst wahrzunehmen und zu genießen – und genau das tun wir nun auch.
Die Inhaber, die Wallerts, nennen ihre SMS gerne liebevoll die „hessische Côte d'Azur". Auch wenn das Klima nicht ganz so mediterran daherkommt, bietet doch der Ausblick aufs Wasser und das Ambiente eine große Portion Beach-Feeling. Die Speisekarte offeriert neben kleinen Snacks neuerdings auch Food-Truck-Spezialitäten: von Gudruns Eintöpfen über Entrecôte-Sandwiches bis hin zu lecker-saftigen Burgern. Heute werden wir uns sicherlich noch einen zweiten Cocktail gönnen und bis in die frühen Abendstunden bei Loungemusik das gemütliche Beisammensein genießen. Wenn dann die ersten Fackeln leuchten – und das sollte man sich wirklich nicht entgehen lassen –, wünschen wir uns, diese magischen, romantischen Momente für ewig festhalten zu können.

- Schiffsmeldestelle, Schützenbleiche 9–11, 65929 Frankfurt am Main
- ÖPNV: S1, S2, Haltestelle Höchst Bahnhof (20 Minuten Fußweg); Tram 11, Haltestelle Bolongaropalast

Licht aus, Film ab!

74 Mal Seh'n Kino

Ein ganz besonderer Glücksort, ein ganz besonderes Kino, das von Menschen mit viel Herzblut, vollem Einsatz und viel Ehrenamt betrieben wird – das ist das „Mal Seh'n Kino". In den 80er-Jahren als Werkstattkino in der Turnhalle einer Blindenanstalt von Filmliebhabern und Filmverrückten ins Leben gerufen, ist es auch heute noch eine Bereicherung der Frankfurter Kulturszene. Der Motor ist hier ganz klar die Liebe zum Kino, das nicht als Massenmedium verstanden werden will. Blockbuster sucht man hier vergeblich. Der Schwerpunkt liegt auf Dokumentarfilmen und speziellen Filmreihen, die aktuelle Themen und Debatten aufgreifen, dabei aber auch den Aspekt der Unterhaltung nicht vergessen. Schließlich soll Kino auch Filmgenuss bieten. Ausländische Filme werden ausschließlich in Originalfassung mit Untertiteln gezeigt. Auch an die Kleinen wurde gedacht. Am Wochenende werden ausgewählte Kinderfilme gezeigt.

Kein Wunder also, dass das „Mal Seh'n Kino" bereits mit mehreren Kinopreisen ausgezeichnet wurde. Filme zum Nachdenken, mit Tiefsinn und Finesse; die eine oder andere Filmperle ist auch dabei. Und manchmal hat man besonderes Glück: wenn der Regisseur gleich neben oder hinter einem sitzt. In dem kleinen, intimen Kinosaal sind der Austausch und die Kommunikation mit anderen Kinogängern schon fast vorprogrammiert. Kino soll hier zum Gemeinschaftserleben werden und zum Ideenaustausch führen.

Das gemütliche Café tut dabei sein Übriges. Mit den alten Bodendielen und den Holzbalken vermittelt der Raum eine ganz behagliche Atmosphäre, in der man bei einem Glas Wein oder einer Schorle entspannt verweilen kann. Vor dem Film zur Einstimmung und nach dem Film, um noch einmal in Ruhe mit Freunden alle Höhepunkte des eben Gesehenen Revue passieren zu lassen, Gedanken schweifen zu lassen, Meinungen zu äußern und abschließend in gelöster und gehobener Stimmung ob des gelungenen Abends nach Hause zu gehen – ob allein oder auch nicht.

● Mal Seh'n Kino, Adlerflychtstraße 6, 60318 Frankfurt am Main
www.malsehnkino.de
● ÖPNV: U5, Haltestelle Musterschule; Bus 36, Haltestelle Adlerflychtplatz; Bus 30, Haltestelle Friedberger Platz; Nachtbus 2, Haltestelle Adlerflychtplatz

KINO
MAL SEHN
CAFÉ
THE LOOK OF SILENCE

Frühlingserwachen

75

Kirchengarten der Justinuskirche

Einer der schönsten Winkel von Höchst liegt ein wenig versteckt hinter hohen und altehrwürdigen Steinmauern und wartet nur darauf, entdeckt zu werden. Dieses grüne Kleinod gehört zu Frankfurts ältestem Gotteshaus, der romanischen Justinuskirche – übrigens auch eine der ältesten erhaltenen Kirchen Deutschlands. Von April bis Oktober öffnen sich hier die Pforten, und der Besucher hat die Möglichkeit, einen naturbelassenen und überaus idyllischen Blumen- und Kräutergarten mit allen Sinnen zu erkunden. Besonders schön präsentiert sich die Pflanzenvielfalt im Frühjahr, wenn alles im satten Grün zum Leben erwacht und die ersten Knospen sich ihren Weg ans Sonnenlicht bahnen. Auch die ersten Vögel, die vom Frühling künden, singen um die Wette.

TIPP

Das Gasthaus „Zum Bären" am Schlossplatz – ein Platz an der Sonne zum Wohlfühlen.

Neben seltenen einheimischen Pflanzen wie Gold- und Bergaster, Deutscher Mispel und Waldanemone finden hier auch mediterrane Gewächse ihren Platz. So anmutig hatte sie wohl auch die Naturforscherin und Künstlerin Maria Sibylla Merian gesehen, als sie sie gemalt hat. 1647 in Frankfurt geboren, galt sie als eine vom Forschergeist getriebene Persönlichkeit, die gemeinsam mit ihrer Tochter Reisen in tropische Länder unternahm, um nach Insekten zu forschen. Und das im 17. Jahrhundert! Die Hinweisschilder mit den Zeichnungen der Pflanzen zeigen ihr Können und das feine Gespür, das Wesentliche und die Schönheit in einer zarten Linienführung festzuhalten. Auch 14 Arzneikräuter sind fester Bestandteil des Kräutergartens. Sie sollen daran erinnern, dass die Antoniter ehemals das gefürchtete Antoniusfeuer mit diesen Kräutern zu heilen versuchten. Bei all der Schönheit und Fülle ist die Tatsache, dass dieses kleine Stück irdischen Glücks einstmals der Friedhof des Mönchordens war, schnell vergessen. Bänke laden zum Verweilen ein, und der Ausblick auf den ruhig fließenden Main vervollkommnet das Bild. Schade, dass man diesen Ort des kleinen, stillen Glücks wieder verlassen muss!

● Justinuskirche, Justinusplatz 3, 65929 Frankfurt am Main
● ÖPNV: S1, S2, Tram 11, Haltestelle Höchst Bahnhof (10 Minuten Fußweg durch die Altstadt)

Bunte Tütchen voller Glück

76 Bitter und Zart

Zarter Schmelz, der auf der Zunge zergeht, feine Anklänge von Aprikosen, Kirschen oder Rosa Pfeffer und im Abgang ein Hauch Vanille oder Zimt – nein, wir reden hier nicht von Wein, sondern von Schokolade! „Bitter und Zart", das ist das Frankfurter Schlaraffenland für alle Süßmäulchen. Es ist eine Binsenweisheit, dass die süße Verführung glücklich macht, ob sie nun tatsächlich gesundheitsfördernd ist und das biochemische Gleichgewicht beeinflusst, Serotonin und Theobromin hin oder her, darüber können die Wissenschaftler fachsimpeln. Schokolade ist und bleibt Gaumenfreude pur! Das wissen auch die beiden „Schokodamen" (wie sie sich selbst nennen) von „Bitter und Zart", die ihr Handwerk aufs Vorzüglichste verstehen. Seit 2003 verwöhnen sie Frankfurter und auch allen anderen Schokoholics nach dem Motto, das sich im Namen ihres Geschäfts wiederfindet – eine Anspielung auf die beiden Schokoladenseiten des Lebens. Ob nun handgeschöpfte Schokoladentafeln oder die über hundert Sorten Pralinen, die allein optisch schon eine Augenweide sind – hier geht niemand mit leeren Händen nach Hause. Vor allem, weil auch alles so schön eingepackt wird. Auch wir leider nicht – sehr zum Leidwesen unserer Geldbeutel.

Der Besuch in diesem Laden und vor allem im Café nebenan gleicht zudem einem kurzweiligen Eintauchen in längst vergangene Zeiten. Etwa in die Zeit der Pariser Boudoirs, der Teestuben aus dem 19. Jahrhundert. Die Wände sind in ein zartes Empiregrün getaucht, verspielte Collagen und Illustrationen an den Wänden lassen mich in eine ganz besondere Welt abtauchen. Das aus allen Herren Ländern stammende Sortiment in dem nostalgischen Chocolaterie-Ambiente umfasst aber noch viel mehr: feinstes Gebäck, vollmundige Trinkschokoladen, Brotaufstriche und handgemachte Bonbons. Etwas besonders Originelles sind die Frankfurter Spezialitäten aus Marzipan: Wie wäre es denn mal mit Frankfurter Würstchen, Handkäs mit Musik und dazu einem Bembelsche Ebbelwoi? Genug davon, wir beginnen jetzt ganz schnell mit unserer Schokoladendiät.

- Bitter und Zart, Braubachstraße 14, 60311 Frankfurt am Main
www.bitterundzart.de
- ÖPNV: U4, Haltestelle Dom/Römer

BITTER & ZART
BITTER & ZART
BITTER & ZART

Sport, Spiel & Entspannung

77 Der Hafenpark im Ostend

Mit der Einrichtung des Hafenparks gleich neben dem neuen imposanten Spiegelbau der Europäischen Zentralbank ist der Stadt Frankfurt ein echter Glückstreffer gelungen. Eine richtige Fitnessoase, so könnte man sagen, die schon nach kurzer Zeit zu einem Treffpunkt für junge und jung gebliebene Menschen geworden ist: Sport, Spiel und Chillen in einem Mehrgenerationensportpark, ganz kostenlos für jedermann. In der professionellen Bahn zeigen Skater und BMXer ihre lip tricks, schwerelose aerials, und auch für grinds gibt die Bahn etwas her. Mehrzweck-Spielfelder sind beliebt bei Fußballbegeisterten aus allen Nationen, Basketballmannschaften finden sich spontan auf zwei Spielfeldern zusammen, Familienmitglieder spielen ausgelassen Badminton gegeneinander (da geht's auch schon mal laut zu). Die Spielfelder werden zu jeder Tageszeit frequentiert, sogar in lauen Vollmondnächten wurden schon Spieler gesichtet. Das stört hier niemanden. Wer nicht spielen mag, findet Kletter- und Klimmparcours, sogar reifere Herrschaften kommen in den Fitnessanlagen für Senioren zu anspruchsvoller körperlicher Betätigung. Nach der Anstrengung kann man sich auf Bänken am Mainufer erholen. Die ganz Kleinen können unter Mamas Aufsicht – oder auch allein, wenn Mama sich derweil lieber auf der großzügigen Liegewiese sonnt –, in Höhlenkugeln oder sandigen Spielbereichen ihre zukünftige Berufswahl austesten. Man kann auch ganz entspannt dem kleinen privaten Glück frönen: mit Freunden und Freundinnen auf den Wiesen am Ufer picknicken, Musik machen oder einfach nur chillen und träumen. Für jeden gibt es hier die Möglichkeit, ein paar Glücksmomente zu finden und zu genießen. Über allem liegt eine Aura von Entspanntheit und fröhlicher Lebendigkeit. Außer dem Spaßfaktor wird auch noch ein bisschen Bildung angeboten: Entlang des Ufers findet der Wissbegierige zahlreiche Informationen über den Main und den für Frankfurt so wichtigen Einfluss des Flusswindes, der manchmal ganz schön den Main hinunterpfeift.

- Hafenpark am Main, Mainufer Ostend, Mayfarthstraße 35, 60314 Frankfurt am Main
- ÖPNV: U6, Tram 11, Haltestelle Ostbahnhof; Tram 11, Haltestelle Honsellstraße oder Sonnemannstraße

raab karcher

Verweile doch, es ist so schön!

78

Das Nebbiensche Gartenhaus

Ein besonderer Zauber umgibt den verträumt anmutenden Pavillon mit der umrankten Pergola und dem kleinen romantischen Garten inmitten der Bockenheimer Anlage. Klar und elegant in der Form – genauso wie man sich Bauten aus dem Klassizismus vorstellt, mit einem überaus lauschigen Garten. Heute ist dieses Kleinod, übrigens auch zu Recht Kulturdenkmal, der Sitz des Frankfurter Künstlerclubs e. V. mit Ausstellungen für regionale Künstler, kleinen Matineen, musikalischen Veranstaltungen und Dichterlesungen. Die Ausstellungen im Gartenhaus profitieren von den kleinen Räumlichkeiten; selten kann Begegnung zwischen Kunst und Betrachter so unmittelbar sein und fast schon einen privaten Charakter erhalten. Der umgebende Garten, liebevoll von den Autoren zum Dichtergarten umbenannt, ist und bleibt jedoch der Lieblingsort. Vor allem der Bereich links des Pavillons verbreitet eine sehr intime Atmosphäre. Geschützt und eingefasst von einer Mauer und den vielen Bäumen und Sträuchern fühlt man sich hier versteckt und von der Umgebung abgeschirmt, der kleine Springbrunnen mit dem schmiedeeisernen Brunnenhäuschen ist ein Fotomotiv, das jeden Nostalgiefan erfreut. Im rechten Gartenbereich befindet sich ein imposanter italienicher Renaissancebrunnen, der ebenso wie die kleinen Sitznischen an warmen Tagen zum Verweilen einlädt. Der Gartenpavillon kann auf eine ereignisreiche Geschichte zurückzublicken. 1810 wurde er für den Verleger Marcus Johann Nebbien anlässlich seiner Hochzeit erbaut und bildete mit dem auch heute noch erhaltenen Garten einen Teil des Anwesens. Später musste er für die verschiedensten Zwecke herhalten, wurde zuletzt als Maleratelier genutzt, bis er dann schließlich in den 50er-Jahren an den Kunstverein übergeben wurde. Von den einstmals 250 prachtvollen Privatgärten Frankfurts hat er als einziger die Wirren der Zeit überlebt und wird hoffentlich auch weiterhin inmitten dieser Pflanzenfülle entrückt und geheimnisvoll locken.

TIPP

Wenn man dem Glück schon so nahe ist, sollte man unbedingt einen Besuch der Alten Oper einplanen, Opernplatz 1, 60313 Frankfurt am Main.

- Nebbiensches Gartenhaus, Bockenheimer Anlage 3, 60322 Frankfurt am Main
- ÖPNV: U6, U7, Haltestelle Alte Oper

600 Millimeter ins Glück

79 Das Feldbahnmuseum

Geteiltes Glück ist doppeltes Glück, sagt man. Und wenn der Vater mit dem Sohne etwas unternimmt, tut ihnen das gut und macht sie beide glücklich. Aber es geht noch besser: Ein Ausflug ins Feldbahnmuseum Frankfurt mit der gesamten Familie bedeutet oft vierfaches Glück. Und wenn dann noch der geliebte Teddy dabei ist, verfünffacht sich dieses Gefühl und wird zum Familienglück. Denn das Feldbahnmuseum Frankfurt bietet mehrmals im Jahr Fahrtage an, an denen Familien mit den kleinen Zügen mit 600 Millimeter Spurweite durch das weitläufige Gelände gefahren werden. Und an den ganz besonders familienfreundlichen „Teddyfahrtagen" erhält jedes Kind, das einen Teddy mitbringt, freien Eintritt und kostenlose Mitfahrt auf den Zügen, die von kleinen schnaufenden Dampfloks gezogen werden.

Im Feldbahnmuseum, vor über 30 Jahren gegründet, mit dem Ziel, die fast vergessenen Schmalspurbahnen zu erhalten, gibt es für die kleinen und großen Ingenieure viel zu staunen. Im Laufe der Jahre wurden viele zum Teil schrottreife Dampf-, Diesel-, Benzin- und akkubetriebene Loks erworben, in aufwendiger Arbeit restauriert und wieder fahrtüchtig gemacht. An Fahrtagen sind diese Loks wieder unterwegs, und man kann viel über die Entstehungsgeschichte und Einsatzbereiche der einstigen Feldbahnen „er-fahren". Jeder kennt die putzige Bahn, wenn nicht aus eigener Anschauung, dann doch zumindest aus Dokus über den Torftransport in Mooren, die Schuttbeseitigung in Steinbrüchen oder den Abtransport von Erz im Bergbau – solche kleinen Loks zogen damals lange Züge voll beladener Loren. Und wer erinnert sich nicht an die rasante Fahrt von Indiana Jones in der schwankenden Kipplore? Die Feldbahnen haben heute ausgedient, wurden längst durch effizientere Transportmittel ersetzt. Aber sie finden wieder eine wunderbare Aufgabe, wenn sie Kinder mit glücklichen Augen über die Wiese fahren dürfen, und wenn dann auch noch der Nikolaus für jedes Kind ein kleines Geschenk bereithält, ist das Familienglück vollkommen.

- Frankfurter Feldbahnmuseum, Am Römerhof 15 f, 60486 Frankfurt am Main (direkt neben dem TÜV)
- ÖPNV: Bus 50, Haltestelle Feldbahnmuseum

Sundown in Mainhattan

80 Sun spotting am Schaumainkai

Gibt es etwas Schöneres, als einen malerischen Sonnenuntergang zu genießen? Ja, werden all jene sagen, die schon einmal das Glück hatten, die im Abendlicht erglühende Skyline Frankfurts zu genießen, die sich im stillen Dunkel des Mainwassers spiegelt. Die wohltuende Wärme der letzten Sonnenstrahlen auf der Haut, ein Glas Prosecco in der Hand und die fast schon surreale Kulisse der Wolkenkratzer im Blick: Das ist moderne Romantik pur.

Die – beidseitig zu genießende – Mainpromenade ist zu jeder Jahreszeit ein Ort, an dem man sich wohlfühlen kann. Die zum Stadtteil Sachsenhausen gehörende Uferpromenade, der Schaumainkai, auf gut Frankfurterisch liebevoll auch als *Dribbdebach* („drüben vom Bach") bezeichnet, ist das ganze Jahr über hoch frequentiert. Morgens geht's hier zwar noch eher gemütlich und zumeist gemächlich zu: Ältere Damen und Herren, die ihre „vierbeinigen Freunde" ausführen, meist kleine Yorkshires, Flaneure, die einfach nur die morgendliche Stille genießen, ambitionierte Jogger und Radler, die sich zum ersten Mal am Tag quälen, oder Banker, die sich einen Wachmacher gönnen. Doch mittags und abends pulsiert hier das Leben. Feierlaune nach Feierabend. Vor einigen Jahren haben nämlich auch die Frankfurter gemerkt, dass man nicht unbedingt ans Meer fahren muss, wenn man ans Wasser will: Das haben sie quasi vor der Haustür. Und *summer in the city* inklusive Urlaubsfeeling lässt sich hier an der Uferpromenade genauso ausgelassen genießen wie am Mittelmeer. So unkonventionell wie die Frankfurter nun mal sind, findet man hier von allem etwas: Studenten und Familien, die private Grillsessions abhalten, Frankfurter, die auf Liegestühlen und Liegewiesen Cocktails und Absacker schlürfen, Outdoor-Restaurationen, die schon von Weitem mit hipper oder loungiger Musik Besucher locken. Wem das nicht reicht, der kann über mehrere Brücken, von denen der aus dem 19. Jahrhundert stammende Eiserne Steg wohl der berühmteste ist, *Hibbdebach* erreichen und in der Altstadt weiterfeiern.

TIPP

Das „MainCafé" (Schaumainkai 50) ist das vielleicht schönste Freiluftcafé in Frankfurt.

- Uferpromenade am Schaumainkai, 60596 Frankfurt
- ÖPNV: U15, U16, U19, Haltestelle Schweizer-/Gartenstraße

Bibliografische Informationen der Deutschen Nationalbibliothek
Die Deutsche Nationalbibliothek verzeichnet diese Publikation in der Deutschen Nationalbibliografie; detaillierte bibliografische Daten sind im Internet über http://dnb.d-nb.de abrufbar.

© 2019 Droste Verlag GmbH, Düsseldorf
3. Auflage 2023
Konzeption/Satz: Droste Verlag, Düsseldorf
Einbandgestaltung und Illustrationen: Britta Rungwerth, Düsseldorf unter Verwendung von Bildern von © Fotolia.com: jd - photodesign.de; © iStock: Plociennik Robert
Fotos: Sonja Morawietz-Heinemann & Hartmut Heinemann, außer:
S. 15: Frischeparadies Frankfurt; S. 19: Liebieghaus Skulpturensammlung Frankfurt; S. 25: FörderVerein PetriHaus Frankfurt; S. 43: snowyvin / unsplash; S. 45: PIA Stadt Frankfurt / Karola Neder; S. 49: mnplatypus / pixabay; S. 59: Marco Verch / Flickr; S. 77: Dimitrios Nicolaidis; S. 89: StadtWaldHaus Frankfurt; S. 95: Liebieghaus Skulpturensammlung Frankfurt; S. 109: Palmengarten der Stadt Frankfurt; S. 121: oriento / unsplash; S. 129: Deutsche Nationalbibliothek, Stephan Jockel; S. 153: Main-Gastro GmbH; S. 155: MalSehnKino

MIX
Papier aus verantwortungsvollen Quellen
FSC® C011279
FSC www.fsc.org

Druck und Bindung: LUC GmbH, Greven
ISBN 978-3-7700-2500-8

www.droste-verlag.de